LEARN DUTCH!

BY
FERNAND G. RENIER

Illustrations by
L. V. FERMINGER

LONDON
ROUTLEDGE & KEGAN PAUL LTD
BROADWAY HOUSE: 68-74 CARTER LANE, E.C.4

First published 1941
Reprinted 1942, 1943, 1944, 1945, 1946,
1949 and 1953
Second edition (revised and reset) 1960
Reprinted (with some corrections) 1964
Reprinted and first published
as a Routledge Paperback 1970

SBN 7100 2024 4(*c*)
SBN 7100 6818 2(*p*)

Printed in Great Britain by
Redwood Press Limited
Trowbridge & London

CONTENTS

CONTENTS

(In these vocabularies, the special vocabularies of Lessons 24 and 25 are not included.)

FOREWORD TO THE SECOND EDITION

THE method embodied in this work is based on the principle that the student must hear correctly before he attempts to pronounce correctly. Accuracy of hearing the sounds of the foreign language and the ability to differentiate between them, i.e. a full understanding of the sounds of the spoken word, should always precede any attempt to reproduce them. The pronunciation exercises and dictations are therefore meant to be heard by the student, not understood. Dictations consisting of known words only preclude the student from giving his whole attention to identifying the sounds and will cause him to listen by approximation only, depending on memory or recognition of known words. In the pronunciation exercises and dictations, the student is led to give his whole attention to the hearing and identification of the Dutch sounds—often purposely meaningless; in writing down what he has heard he will have to apply the rules of Dutch spelling that he has learned.

The early part of this method is primarily based on phonetic teaching, but phonetic theory has been kept in the background. To teachers and students with a knowledge of phonetics, the Phonetic Appendix will be of use.

Adults and evening students are on the whole unfamiliar with formal grammar in that either they have never learned it or they have forgotten it. Every point of grammar, therefore, is explained; in revising this method particular attention has been paid to the needs of students who are unable to attend a class or who wish to learn Dutch on their own.

Certain illustrations are intended to serve as a visual extension of the text. A number of the smaller illustrations depict scenes discussed in the lessons. Other more important illustrations depict scenes similar to those in the text to give the teacher scope to enlarge the lesson.

FOREWORD

This revised edition embodies the findings of a number of years' teaching at the City of London College and the Regent Street Polytechniç. In general, revision has taken the form of simplifying and clarifying certain points, e.g. word order, sentence structure and use of pronouns, and some useful elementary material has been added. The author wishes to express his thanks to the many colleagues and students who have made suggestions for increasing the usefulness of this method, and in particular to Dr. A. Huysinga of the University of London.

FERNAND G. RENIER.

London, 1960.

Pronunciation exercise:

1. piet	5. pijt = peit	9. put
2. pit	6. paat	10. poot
3. peet	7. pat	11. poet
4. pet	8. pot	12. puut

The words given in the pronunciation and spelling exercises throughout this book are not given for their meaning unless included in the vocabulary lists at the end of the lessons or at the end of the volume.

A general description and a phonetic rendering of the Dutch sounds introduced in this lesson will be found on pages 143 to 149.

Numerals:

1. een	4. vier	7. zeven	10. tien
2. twee	5. vijf	8. acht	11. elf
3. drie	6. zes	9. negen	12. twaalf

Personal Pronouns and Present Tense of the verb 'to be':
Infinitive: to be = zijn

Singular	1.	ik ben	= I am	ben ik?
	2.	jij bent	= you are (thou art)	ben jij?
	3.	hij is	= he is	is hij?
		zij is	= she is	is zij?
		het is	= it is	is het?
Plural	1.	wij zijn	= we are	zijn wij?
	2.	jullie zijn	= you (people) are	zijn jullie?
	3.	zij zijn	= they are	zijn zij?
Formal Sg.+Pl.	2.	U bent, U is	= you are	bent U?
				is U?

1

jij ... used familiarly to one person.
jullie (or: jelui) ... used familiarly to more than one person.
U ... used formally to one or more persons.
U bent = U is ... entirely a matter of choice.
jullie zijn = jullie bent ... entirely a matter of choice.

Note: (1) In the plural (with the exception of the politeness
           form) the verb takes the form of the infinitive.
       (2) For the formal (or politeness) form, either the
           second or the third person singular can be used.
       (3) Gij=thou (biblical or regional). Gij zijt=thou art.

Present Tense of regular verb:
Infinitive: to look = kijken

	1.	ik kijk	= I look, I am looking, I do look.
	2.	jij kijkt	= you look, you are looking, you do look.
Sg.	3.	hij kijkt	= he looks, he is looking, he does look.
		zij kijkt	= she looks, she is looking, she does look.
		het kijkt	= it looks, it is looking, it does look.
	1.	wij kijken	= we look, we are looking, we do look.
Pl.	2.	jullie kijken	= you look, you are looking, you do look.
	3.	zij kijken	= they look, they are looking, they do look.

Formal
Sg. + Pl. 2. U kijkt   = you look, you are looking, you do look.

	1.	kijk ik?	= do I look?	am I looking?
	2.	kijk jij?	= do you look?	are you looking?
Sg.	3.	kijkt hij?	= does he look?	is he looking?
		kijkt zij?	= does she look?	is she looking?
		kijkt het?	= does it look?	is it looking?

Pl. {
1. kijken wij? = do we look? are we looking?
2. kijken jullie? = do you look? are you looking?
3. kijken zij? = do they look? are they looking?
}

Formal

Sg. + Pl. 2. kijkt U? = do you look? are you looking?

N.B.—The general rule is that the 2nd person sg. fam. loses its *t* in the interrogative.

The Negative:

ik ben ziek. ik ben niet ziek. = I am ill. I am not ill.

ben ik ziek? ben ik niet ziek? = am I ill? am I not ill?

ik kijk niet = I do not look, I am not looking.

jij kijkt niet = you do not look, you are not looking.

Nouns. Gender:

Modern Dutch has only two genders. The Common (combining former masculine and feminine) and the Neuter.

The Definite Articles are:

de for the Common Singular and for all Plurals.

het for the Neuter Singular

de stoel, het boek; de stoelen, de boeken.

'It', when used as subject of a verb and referring to a thing, is translated by *het* for the neuter singular and by *hij* for the common singular, unless referring obviously to a female (e.g. cow), when *zij* is used:

Het mes ligt rechts van het bord = het ligt rechts.

De vork ligt links van het bord = hij ligt links.

'It', when used as a provisional subject, i.e. when the real subject has not yet been made known, is translated by *het* (and not by *hij* or *zij*):

Het is mijn vader; hij is op weg naar zijn kantoor.

(= It is my father; he is on his way to the office).

Het is mijn vork; hij is niet heel groot.

(= It is my fork; it is not very large).

Similarly, 'they', when used as a provisional subject, is translated by *het:*

Het zijn mijn ouders; zij zijn nog niet klaar.
(= They are my parents; they are not ready yet).

The Indefinite Article is:

een (pronounced ən); it has no plural.

Plural of nouns:

general rule: add -en.

Reading matter:

De tafel staat in het midden van de eetkamer. Er staan vier stoelen om de tafel. Er staat een stoel aan elke kant van de tafel. Het tafellaken is helderwit. Er is eten op tafel. Het ontbijt is gereed. Er staat een bord voor elke stoel, en mes en vork liggen naast elk bord. Het mes ligt rechts, en de vork ligt links van het bord. Er is ook een lepel voor Piet. Piet is nog jong; hij eet een bordje pap en drinkt een glas melk. Het brood ligt op de broodplank en er is een aantal sneetjes brood in de broodschaal. De kaas, de ontbijtworst, de jam en de ontbijtkoek zijn nog op het buffet. Ik hoor vader op de trap; ik ben nog niet klaar. Moeder wacht nog. Wij komen allemaal beneden.

Exercise 1. Answer the following questions in Dutch:

1. Waar staat de tafel?
2. Hoeveel stoelen staan er om de tafel?
3. Wat is de kleur van het tafellaken?
4. Is de kaas op tafel?
5. Wie eet pap?
6. Waar is het brood?
7. Waar is vader en waar is moeder?

Exercise 2. Translate into Dutch:

1. She is looking.
2. He is not looking.
3. He does not look.
4. You are ill. (formal.)
5. Are you ill? (formal.)

6. Aren't they looking?
7. Doesn't he look?
8. We look.
9. We are looking.
10. You people do not look.

Exercise 3. Translate into Dutch:

1. The spoon lies to the right of the plate.
2. There is bread on the bread-board.
3. There is one chair in the middle of the room.
4. A knife and a fork and also a spoon are on the sideboard.
5. Father waits until Peter looks.

Vocabulary:

N.B. It is necessary to learn noun and article at the same time.

de kamer	the room	het eten	the food
de eetkamer	the dining-room	het brood	the bread (loaf)
de trap	the stairs	het sneetje	the slice
de tafel	the table	het aantal	the number
de stoel	the chair	het midden	the middle
de vork	the fork	ja	yes
de lepel	the spoon	nee!	no!
de broodschaal	the bread-dish	en	and
de broodplank	the bread-board	ook	also
de melk	the milk	er	there
de pap	the porridge	van	of
de kaas	the cheese	tot	until
de jam (ʒɛm)	the jam	niet	not
de (ontbijt)worst	the (breakfast) sausage	nog	yet, still
		in	in
de (ontbijt)koek	the honey cake	om	round
de vader	the father	aan	at
de moeder	the mother	op	on
de kleur	the colour	voor	before, in front of
de kant	the side	naast	beside, at the side of
het buffet	the sideboard		
het tafellaken	the tablecloth	rechts	on *or* to the right
het bord	the plate	links	on *or* to the left
het mes	the knife	beneden	downstairs
het glas	the glass	helder	bright
het ontbijt	the breakfast	(helder)wit	(pure) white

jong	young	wat?	what?
klaar	ready(=finished)	staat	stands (= is)
gereed	ready (to start)	staan	stand (= are)
elk	each	eten	to eat
allemaal	all of us, you, them	drinken	to drink
		wachten	to wait
wie?	who?	komen	to come
waar?	where?	horen	to hear
hoeveel?	how much? how many?		

Lesson two
Tweede les

13.	teun		
14.	tuin		
15.	deur		
16.	toun = taun		

17.	haai	fat	faat
18.	hooi	vat	vaat
19.	hoei	wat	waat
20.	eeuw		
21.	ieuw		

For a description and a phonetic rendering of these sounds, see the Phonetic Appendix at the end of this volume.

Present Tense of the verb 'to have':

Infinitive: to have = hebben

	1.	ik heb	= I have	heb ik?
	2.	jij hebt	= you have (thou hast)	heb jij?
Sg.		hij heeft	= he has	heeft hij?
	3.	zij heeft	= she has	heeft zij?
		het heeft	= it has	heeft het?
	1.	wij hebben	= we have	hebben wij?
Pl.	2.	jullie hebben	= you (people) have	hebben jullie?
	3.	zij hebben	= they have	hebben zij?

Sg. + Pl. 2. U hebt; U heeft   hebt U?; heeft U?

7

The Personal Pronouns:

		Stressed forms. accent on pronoun:	Weak forms. accent on verb:
Sg.	1.	ik ben	'k ben
	2.	jij bent	je bent
	3.	hij is	*(ie is)
		zij is	ze is
		het is	't is
Pl.	1.	wij zijn	we zijn
	2.	jullie zijn	jullie zijn
	3.	zij zijn	ze zijn
Sg. + Pl. 2.		U bent, is	U bent, is

* Common in speech, but rarely written. Never used at beginning of sentence

Phrases:

1. ik ga naar huis (I am going home). 2. hij is thuis (he is at home). 3. zij gaat van huis weg (she leaves the house). 4. hij is boven (he is upstairs). 5. ik ga naar boven (I am going upstairs). 6. hij is beneden (he is downstairs). 7. ik ga naar beneden (I am going downstairs). 8. hij is binnen (he is indoors). 9. zij gaat naar binnen (she goes in). 10. zij is buiten (she is outside). 11. hij gaat naar buiten (he goes out).

Word Order:

There are two ways of classifying words:

(1) by *parsing*, anwering the question: 'What kind of a word is it?'

Words are put into various categories; they are, for instance, nouns, articles, adjectives, adverbs, pronouns.

This classification regards the words as independent units.

Mijn broer ziet de man. (My brother sees the man.)

mijn = possessive adjective
broer = noun

ziet = verb (3rd pers. sing., Pres. Tense)
de = definite article
man = noun

(2) by *analysis*, answering the questions: ' What is the function of this word in the sentence? What part does it play?'

Words are here considered either singly or in groups.

mijn broer = subject
ziet = verb
de man = direct object.

In acquiring Dutch it will be of great advantage to the student if he familiarizes himself with the two methods of classification in his own language.

The Dutch word order differs in many ways from the English. Never translate word for word: this may result in nonsense. The principal rules to be followed are given here. To simplify the explanation we shall use:

S for *S*ubject
V for *V*erb
RRR for *R*est of the sentence
R for one or more words (neither Subject nor Verb) placed in an unusual position.

Rules:

1. The ordinary statement: S V RRR
   Mijn oom komt om vijf uur bij ons.
       S   V   RRR
   (My uncle is coming to our house at five o'clock.)
2. The question: V S RRR?
   Komt mijn oom om vijf uur bij ons?
     V   S   RRR
   (Is my uncle coming to our house at five o'clock?)
3. The emphatic statement: R V S RR
   Om vijf uur komt mijn oom bij ons.
       R   V   S   RR
   (At five o'clock my uncle is coming home.)

B

N.B. 1.—In the ordinary statement, nothing should be put between subject and verb.

N.B. 2.—If the sentence opens with one or more words which are neither subject nor verb, inversion occurs, i.e. subject and verb change places. This is to stress the word(s) placed in the unusual front position.

N.B. 3.—In the inverted word order, the verb of the 2nd pers. sing. fam. loses its final -t as it does in the question form (see p. 2).

N.B. 4.—The words *ja* and *nee*, followed by a comma, do not cause inversion.

Reading matter:

Ik heb een kamer op de eerste verdieping, naast de logeerkamer. Piet heeft zijn bedje op de kinderkamer, naast de kamer van mijn ouders, aan de achterkant van het huis. De bomen in de tuin zijn vlak voor hun ramen. Mijn kamer is aan de voorkant van het huis. Een deur in mijn kamer geeft toegang tot het balkon. Ik zie de tuin niet, maar ik zie het kanaal. Het kanaal loopt langs het huis, aan de andere kant van de straat. Aan de overkant van het kanaal is ook een weg. De schepen varen voorbij, en er is altijd wat te zien. Er is veel verkeer op straat en over de brug vlakbij, en van mijn raam en van het balkon zie ik de mensen, de auto's en de karren, die naar de stad komen en naar buiten gaan. Dat is heel prettig: ik zie het verkeer aan beide kanten van het water, en op het water. Mijn kamer is modern ingericht, niet zo maar een slaapkamer, maar meer een zitkamer. Ik zit graag op mijn kamer.

Exercise 1. Answer in Dutch:

1. Waar is de logeerkamer?
2. Is de kamer van mijn ouders aan de voorkant?
3. Zijn de bomen voor mijn raam?
4. Is het kanaal aan de achterkant van het huis?
5. Wat zie ik op de brug?

6. Wat zie ik op het kanaal?
7. Hoe is mijn kamer ingericht?
8. Wat is er aan de overkant van het kanaal?
9. Wat is er in de tuin?
10. Wat ziet Piet van zijn raam?

Exercise 2. Translate into Dutch:

1. Do I see?
2. He gives much.
3. There is not much.
4. Do you hear mother?
5. You are walking.
6. She has a glass.
7. Does he wait?
8. There is jam; there is not very much cheese.
9. They are not yet ready.
10. We have a spoon and he has a knife.

Exercise 3. Translate into Dutch:

Peter's room is on the first floor. Peter does not see the street from his room. He sees the garden and the trees from his window. No, he sees no cars on the bridge. I see the traffic along the canal. There are two carts and three cars on the bridge. They are all going to town. A number of people go to the country. They are at the side of the road, under the trees. My room is very pleasant. From the balcony, I see many things.

John (= Jan), are you in the bathroom?
No, I am in my room.
Breakfast is ready.
I am coming.
Father is already downstairs. Is Peter still in his room?
No, he is in the garden.

N.B.—Does not see the street = sees the street not.

Vocabulary:

de ouders	the parents	ander	other
de mensen	the people	die	which
de verdieping	the storey	maar	but
de deur	the door	zomaar	just
de badkamer	the bathroom	al	already
de logeerkamer	the spare room	altijd	always
de kinderkamer	the nursery	wat	some(thing)
de slaapkamer	the bedroom	heel	very
de zitkamer	the sitting-room	veel	much, many (things)
de tuin	the garden		
de boom	the tree	beide	both (things)
de weg	the road, the way	beiden	both (people)
de straat	the street	zowel	as well as
de brug	the bridge	meer	more
de kant	the side	vlak voor	straight in front of
de voorkant	the front		
de achterkant	the back	vlak bij	near by, close to
de overkant	the other side (across)	tot	to
		langs	along
de toegang	admission, admittance	voorbij	past
		naar	to, toward
de auto	the car	naar buiten	to the country
de kar	the cart	mijn	my
het huis	the house	zijn	his
het raam	the window	hun	their
het balkon	the balcony	geen	no (= not any)
het bed	the béd	graag	with pleasure
het water	the water	hoe?	how?
het kanaal	the canal	geven (ik geef)	to give
het verkeer	the traffic	zien (ik zie)	to see
het schip	the ship	lopen (ik loop)	to walk
de schepen	the ships		

Lesson three
Derde les

Dictation (for checking only):

Er was eens een koning, die een soldaat had, die jaren lang trouw voor hem had gevochten. Toen de oorlog voorbij was en de soldaat door zijn vele wonden niet meer dienen kon, zei de koning hem dat hij naar huis kon gaan. 'Ik kan je niet meer gebruiken; geld krijg je niet, want ik geef alleen maar loon aan hen die me diensten bewijzen.' Toen wist de soldaat niet waarvan hij leven zou en ging bekommerd weg, en hij liep de hele dag tot hij 's avonds in een bos kwam. Toen het stikdonkere nacht was geworden, zag hij een licht; hij ging daarop af, en kwam bij een huisje waar een heks woonde.

Conversation practice:

If possible, in addition to the illustration of the book, a coloured poster should be obtained from a shipping company, showing a ship and quayside activity. In the course of this visual exercise the following vocabulary should be studied, preparing the way for the reading matter:

de kleur	the colour	links	on the left
gekleurd	coloured	rechts	on the right
rood	red	op de voorgrond	in the front (in the foreground)
blauw	blue		
groen	green	op de achtergrond	at the back (in the background)
geel	yellow		
wit	white	bovenaan	at the top
lichtblauw	light blue	benedenaan	at the bottom
donkerblauw	dark blue		

Spelling rules:

1. Words in Dutch are divided into syllables according to pronunciation, whereas in English syllable division is accord-

ing to meaning or origin. Dutch syllables, whenever possible, start with a consonant.

> e.g.   zinkend = zin + kend
> petten = pet + ten
> raken = ra + ken

2. A syllable never ends in a doubled consonant.

3a. In closed syllables (i.e. syllables ending in a consonant) a one-letter vowel indicates a short vowel sound; a two-letter vowel a long vowel sound:

man	maan
kap	kaap
stek	steek
bom	boom

3b. In open syllables (i.e. syllables ending in a vowel sound) the one-letter vowel is considered long. (There are a few exceptions for one-syllable words ending in -e.);

> e.g.   ja
> zo
> N.B.: me: one e: the so-called neutral -e.
> mee: two e's: long -e.

General rule for the formation of the plural: Add -en, but keep the original pronunciation unchanged, which is done as follows:

Closed-syllable words with the two-letter vowels aa, ee, oo, uu, followed by a single consonant, become open-syllable words with the one-letter vowels a, e, o, u; the single consonant opens the new syllable:

> e.g.   maan   manen (ma-nen)
> boom   bomen (bo-men)

Closed-syllable words with a short vowel followed by a single consonant double this final consonant:

> e.g.   kap   kappen (kap-pen)
> bom   bommen (bom-men)

Note: bord, bor-den and boord, boor-den. In these words, the syllable remains closed, as the second consonant becomes the opening consonant of the new syllable.

Spelling and pronunciation exercise:

1.	kat	8.	rossen	15.	rozen
2.	los	9.	zaten	16.	letten
3.	roos	10.	rokken	17.	heel
4.	rek	11.	prat	18.	room
5.	tallen	12.	pallen	19.	vele
6.	roken	13.	loos	20.	lekken
7.	beten	14.	laat		

Reading matter:

De mailboot ligt in de haven. De zon schijnt en het is mooi weer. De schoorstenen van de boot zijn geel, met gekleurde banden. Uit de stoompijp, vóór de voorste schoorsteen, stijgt een wolkje stoom de lucht in. De hemel is lichtblauw en het water is blauwgroen. Enkele meeuwen vliegen om het schip. Op het achterschip gooit de kok wat eten overboord; de meeuwen vliegen er dadelijk naartoe.

De mailboot ligt langs de kade, en wacht op de trein. De passagiers komen al uit het station, gevolgd door de kruiers met de bagage. Er is ook lading in de trein; die gaat (= it goes) direct in het ruim van het schip.

Naast het schip staat een karretje met fruit. De reizigers kijken naar het fruit en kopen wat vruchten voor de overtocht: appels, peren, druiven, bananen, sinaasappels, enz. (= en zo voort.)

In de haven varen enkele bootjes. Er liggen ook schepen te laden en te lossen. Ik zit al aan boord, en het is heel aardig om te zien.

Exercise 1. Give regular plural forms of the following words:

1.	vel	6.	schok	11.	kraan
2.	noot	7.	stem	12.	rat
3.	staart	8.	deel	13.	strook
4.	steek	9.	plas	14.	pet
5.	staat	10.	pit	15.	poot

Exercise 2. Answer in Dutch:

1. Welke boten liggen er in de haven?
2. Wat is de kleur van de lucht?
3. Wat doen de reizigers?
4. Wat doet de kok, en waar is hij?
5. Wat is er in de trein?
6. Hoe is de mailboot ingericht?
7. Wat is er in de haven?
8. Wat voor weer is het?
9. Welke vruchten heeft de vruchtenkoopman?
10. Waar staat het karretje van de vruchtenkoopman?

Exercise 3. Translate into Dutch:

1. The fruit-merchant is sitting on the quay.
2. He is looking at the ship in the harbour and he waits for the passengers from the train.
3. A few passengers buy some fruit.
4. There are no clouds in the sky and the sun shines.
5. The cargo goes into the hold through a door.
6. The seagulls fly over the ships and the small boats alongside the quay.
7. A man throws some bread into the water; the seagulls find it immediately.
8. On the other side of the station there are always cars; there is much traffic.
9. The mailboat is arranged in a modern way; it is pleasant on board.
10. You buy some grapes, two pears and some apples

Vocabulary:

de haven	the harbour	het weer	the weather
de kade	the quay	het eten	the food
de boot	the boat	het karretje	the barrow
de mailboot	the mailboat	mooi	fine; well
de overtocht	the crossing	aardig	nice(ly)
de schoorsteen	the funnel, the chimney	enkele	a few
de stoompijp	the steam-pipe	overboord	overboard
de trein	the train	aan boord	on board
de passagier	the passenger	dadelijk	immediately
de reiziger	the traveller	er naartoe	towards it
de kruier	the porter	direct	direct(ly)
de bagage	the luggage	alles	everything
de lading	the cargo	dit alles	all this
de hemel	the sky	de voorste	the front one, the foremost
de lucht	the air, the sky		
de zon	the sun	de achterste	the back one
de wolk	the cloud	wat voor?	what kind of?
de stoom	the steam	welk(e)?	which?
de meeuw	the (sea) gull	over	over
de kok	the chef	doen	to do
de koopman	the merchant	liggen	to lie
de vruchten-koopman	the fruit-merchant	schijnen	to shine
de appel	the apple	stijgen	to rise
de peer	the pear	vliegen	to fly
de druif	the grape	gooien	to throw
de banaan	the banana	zitten	to sit
de sinaasappel	the orange	kopen	to buy
het voorschip	the fo'c'sle	varen	to sail, to go (of a ship)
het achterschip	the stern		
het station	the station	laden	to load
het ruim	the hold	lossen	to unload
		wachten op	to wait for
		kijken naar	to look at

N.B.—*het fruit* = fruit (general term; no plural)
de vrucht, de vruchten = the fruit.
e.g.: drie appels en twee peren zijn vijf vruchten.

Lesson four
Vierde les

Spelling and pronunciation exercise:

1. rol	8. kom	15. buurt	
2. el	9. vloot	16. raken	
3. palen	10. vellen	17. rijs (= reis)	
4. kinnen	11. roes	18. knellen	
5. ratten	12. rapen	19. rezen	
6. leken	13. rees	20. muren	
7. kiezen	14. vlot		

Verbs:

gaan = to go	staan = to stand	doen = to do	zien = to see
ik ga	ik sta	ik doe	ik zie
jij gaat	jij staat	jij doet	jij ziet
hij gaat	hij staat	hij doet	hij ziet
wij gaan	wij staan	wij doen	wij zien
jullie gaan	jullie staan	jullie doen	jullie zien
zij gaan	zij staan	zij doen	zij zien
U gaat	U staat	U doet	U ziet

Rules for the plural of nouns (given largely for future reference):

1. General rule: add -en.

2. The general principle is that the plural keeps the pronunciation of the singular root unchanged. (Apply the spelling rules concerning open and closed syllables given in Lesson Three.)

> de bal—de ballen(= ball)
> de baal—de balen (= bale)

3. There are a number of exceptions to rule 2, such as:

> het bad—de baden (= bath)

19

het glas—de glazen (= glass)
de dag—de dagen (= day)
het dak—de daken (= roof)
het schot—de schoten (= shot)
de weg—de wegen (= way, road)
de oorlog—de oorlogen (= war)
het vat—de vaten (= barrel)

4. Adding -en, but with change of the root vowel are:
de stad—de steden (= town)
de smid—de smeden (= smith)
het schip—de schepen (= ship)
het lid—de leden (= member)

5. Nouns ending in -el, -en, -er and -em and those ending in a vowel take -s. Diminutives therefore add -s. A number of words ending in neutral -e add -n. Words in -ij, -aai, and -ooi take -en.

6. Words of foreign origin, such as de passagier, de officier, het balkon generally add -s, though some may add -en in non-colloquial language.

7. A number of nouns change their final -f or -s to -v- or -z-, respectively, in the plural:
de golf—de golven (= wave)
de reis—de reizen (= journey)
het huis—de huizen (= house)
de kaas—de kazen (= cheese)

8. Nouns in -heid change their ending to -heden:
de moeilijkheid—de moeilijkheden (= difficulty)

9. A number of neuter nouns add -eren to the singular:
het kind—de kinderen (= child)
het ei—de eieren (= egg)

10. Irregular plurals are:
de koe—de koeien (= cow)
de vlo—de vlooien (= flea)

11. -man often becomes -lui *or* -lieden:
     de koopman—de kooplui (= merchant) *or* kooplieden
     de timmerman—de timmerlui (= carpenter) *or* timmer-
     lieden

Exercise 1. Put the correct definite article (de or het) before
     the following nouns:

1.	huis	6.	eten	11.	balkon	16.	midden
2.	trein	7.	boom	12.	tafellaken	17.	water
3.	boot	8.	deur	13.	lucht	18.	vrucht
4.	lepel	9.	tafel	14.	station	19.	glas
5.	schip	10.	raam	15.	fruit	20.	weer

Exercise 2. Translate into Dutch:

1. He goes on board.
2. She is going on board.
3. She is not going on board.
4. Does he see the boat?
5. Are you people looking?
6. The gulls do not fly over the station.
7. Does the traveller buy the bananas?
8. What does Peter see?
9. Where is the station?
10. The station is in the first street on the left.

Exercise 3. Translate the following sentences into Dutch,
     giving in each case the two alternative constructions.
     e.g. I see a book on the table.
                    (*a*) Ik zie een boek op de tafel.
                    (*b*) Op de tafel zie ik een boek.

1. A traveller is sitting on the quay.
2. Seagulls fly over the ship (Er ...).
3. To the left of the plate lies a fork.
4. I see the traffic on both sides of the water.
5. From the balcony, I see many things.
6. My father comes at five o'clock.

7. A few boats are moving (varen) in the harbour.
8. At 5 o'clock father is coming here with the luggage.
9. The porter has the luggage on the barrow.
10. Passengers and porters come out of the station.

Exercise 4. Give the plurals of the following nouns, using
the rules given in this lesson, indicating which
particular rule has been applied:

1. het bord	8. de tuin	15. de schoorsteen
2. de kamer	9. de stoel	16. het raam
3. het bordje	10. de boom	17. de druif
4. de trap	11. de banaan	18. de weg
5. de koek	12. de kar	19. het huis
6. het mes	13. het schip	20. de kameel
7. de kaas	14. de straat	

Exercise 5. Translate into Dutch:

My father has a boat. It lies in (= op) the canal in front of
the house and is arranged in a modern way. I have a cabin on
board, with a table, a chair and a bunk. There are four windows in the cabin; from the windows I see the other ships
on the canal. I also see the cars that (= die) wait in front
of the bridge. It is very pleasant on board.

Vocabulary:

the cabin	de kajuit	under	onder
with	met	the bunk	de kooi
here	hier		

Lesson five
Vijfde les

1.	dop	9.	doop	15.	laven
2.	varen	10.	wijd (=	16.	reizen
3.	pennen		weid, wijt,		(= rijzen)
4.	reep		weit)	17.	leut
5.	waren	11.	vet	18.	beeld (=beelt,
6.	tomen	12.	blaffen		beeldt)
7.	rijp (= reip)	13.	wet	19.	rezen
8.	fuik	14.	luit	20.	keur

Passage for dictation only:

'Geef me toch een nachtverblijf en wat eten en drinken,' sprak hij tot de heks, 'want ik verga van honger en dorst!' 'Zo,' zei de heks, 'wie geeft wat aan een afgedankte soldaat. Ik zal toch maar barmhartig zijn, en je hier opnemen, maar dan moet je ook doen wat ik je zeg.' De soldaat vroeg wat hij dan doen moest. 'Je moet morgen mijn tuin omspitten.' Dat vond de soldaat goed en hij werkte de volgende dag heel hard, maar voor de avond kon hij toch niet klaar komen. 'Ik zie wel,' zei de heks, 'dat je vandaag niet meer weg kunt; ik zal je nog een nacht houden; daarvoor moet je morgen nog een voer hout hakken en kloven.'

The Possessive Adjectives. These, unlike possessive pronouns, always accompany a noun. A number of them have weak forms used when in unaccented positions.

			Stressed forms:	Weak forms:	
Sg.	1st	pers.	mijn	m'n	(my)
	2nd	,,	jouw	je	(your)
	3rd	,, (m)	zijn	z'n	(his)
		(f)	haar	d'r or 'r	(her)
		(n)	zijn	z'n	(its)

23

Pl.	1st	pers.	ons, onze	⎫		(our)
	2nd	,,	jullie	⎬ No weak forms.		(your)
	3rd	,,	hun	⎬		(their)
	Politeness form, Uw			⎭		(your)

In modern Dutch the possessive adjectives remain un-inflected, except the one for the 1st pers. plur., which is *ons* when referring to a neuter singular, and *onze* when referring to a common singular or to a plural.

The Possessive Pronouns. These replace the noun.

Sg.	1st	pers.		de/het mijne
	2nd	,,		de/het jouwe
	3rd	,,	(masc.)	de/het zijne
			(fem.)	de/het hare
			(neut.)	de/het zijne

Pl.	1st	pers.	de/het onze
	2nd	,,	no forms
	3rd	,,	de/het hunne
	Politeness form.		de/het Uwe

de tuin—de mijne
de bomen—de mijne
het huis—het mijne
de huizen—de mijne

N.B. 1.—These forms are used to refer to either singular or plural nouns; with *het* they refer to a neuter noun in the singular, with *de* to a common noun either singular or plural and to a neuter noun in the plural.

N.B. 2.—For members of the family (or dependents) -n is added: e.g. de mijnen.

N.B. 3.—For the 2nd pers. plur., the following forms are used: die van jullie (for common singular and all plurals), dat van jullie (for neuter singular).

Adjective declension:

Adjectives in Dutch can occur with or without a final -e. General rule: The adjective has the final -e, except:

(1) when used predicatively.

(2) when used before a singular neuter noun (no article).

(3) when placed between the indefinite article (or indefinite pronoun or possessive adjective) and a singular neuter.

(4) when used in a non-literal sense.

N.B. 1.—The possessive adjectives (with the exception of the 1st pers. plur., as given above), adjectives ending in -en and in -er (except two-syllable adjectives in -er, such as lekker) remain undeclined.

N.B. 2.—By acquiring the final -e, an adjective has acquired an extra syllable, which may affect the spelling: e.g. goed, goe-de; groot, gro-te; zacht, zach-te; dik, dik-ke; wit, wit-te; lief, lie-ve.

These rules can be followed in the next section: see numbers I - VI.

C = Common Gender   N = Neuter Gender

I. *Adjective alone* (used predicatively):

C Sg: de wijn is *goed*.
N Sg: het bier is *goed*.
Pl: de sigaren zijn *goed*.

II. *Adjective + Noun:*

C Sg: goede wijn.
N Sg: *goed* bier.
Pl: goede wijnen, bieren, sigaren.
   c

III. *Definite article (or Numeral) + Adjective + Noun:*

C Sg: de goede wijn.

N Sg: het goede bier.

Pl: de goede sigaren. N.B.—twee goede sigaren.

IV*a.* *Indefinite article + Adjective + Noun:*

C Sg: een goede vulpen.

N Sg: een *goed* potlood.

Pl: as Plural of II, as the indefinite article has no plural in Dutch.

IV*b.* The C Sg remains uninflected (between indefinite article and noun) when the adjective is used in a sense different from the obvious, the literal.

een *groot* man = a great man (een grote man = a large, tall man)

een *goed* soldaat = an excellent soldier (een goede soldaat = a friendly soldier)

een *goed* man = a noble man (een goede man = a kind man).

The uninflected forms mean: great as a man, old as a soldier, etc.

Note also: een oud-soldaat, twee oud-soldaten = an ex-soldier, two ex-soldiers; een oude soldaat = an old soldier.

V. *Indefinite pronoun (or indefinite adjective) + Adjective + Noun:*

C Sg: geen goede wijn.

N Sg: geen *goed* bier.

Pl: geen goede wijnen, bieren.

VI. *Possessive adjective + Adjective + Noun:*

C Sg: mijn oude vriend, onze oude vriend.

N Sg: Zijn *groot* schip, ons *groot* schip.

Pl: haar nieuwe hoeden, onze nieuwe schepen.

N.B.—Many Dutch people say: zijn grote schip, ons grote schip.

Adverbs are words which qualify 1) verbs, 2) adjectives, 3) other adverbs. As a general rule, Dutch adjectives and adverbs have the same form, but the Dutch adverbs remain uninflected.

In the following examples, adverbs are in italics, adjectives are not.

> een langzaam schip = a slow ship
> het langzame schip = the slow ship
> het *heel* langzame schip = the *very* slow ship
> het schip vaart *langzaam* = the ship goes *slowly*
> het schip vaart *heel langzaam* = the ship goes *very slowly*

Reading matter:

De oude stad is omringd door hoge wallen. De lange straten en diepe grachten zijn nauw en kronkelen tussen de mooie oude gebouwen. In het midden van de stad is de enige open ruimte, het wijde marktplein; daar ziet men het deftige stadhuis. Bijna alle huizen om de markt zijn cafétjes, restaurants en lunchrooms voor de stadsmensen en vooral voor de vele bezoekers. De huizen in dat deel van de stad zijn smal en hoog, want de grond is daar nogal duur. Verder van het centrum zijn er ruime, deftige huizen, met brede ramen. De pakhuizen met hun dikke muren en eikenhouten balken en planken staan daar al eeuwen en zijn nog even stevig als vroeger.

Exercise 1. Translate into Dutch:

1. the blue funnel	8. a busy market
2. a thick wall	9. an open space
3. in the fine, new station	10. not a fine house
4. deep water	11. no good apples
5. a round fruit	12. high houses
6. two wide streets	13. an ex-soldier
7. a large house	14. two ex-soldiers

15. a wooden beam
16. with a new ship
17. busy markets
18. the houses are stately
19. the canal is not deep
20. two thick planks

Exercise 2. Translate and give the plurals of:

1. the harbour
2. the porter
3. the barrow
4. the little boat
5. a tree
6. the ship
7. a loaf
8. the cargo
9. a fork
10. the (bread) dish
11. a colour
12. the door
13. the small bed
14. the bridge
15. the table
16. the train
17. the house
18. the chair
19. the canal
20. the glass

Exercise 3. Translate into Dutch:

1. I look at the breadboard on the long table.
2. There is a glass of milk on the table.
3. On the table there are two glasses of water.
4. Are you looking at the green chair?
5. Do you see a white tablecloth? (familiar 2nd per. sg.).
6. I see no white tablecloths.
7. There are two windows in the room.
8. In the room there are two windows.
9. Are you going to the station? (formal)
10. Do you see the large forks? (familiar)

Exercise 4. Translate into Dutch:

The tall warehouse stands near the deep canal. In front of the warehouse lie two small ships and one large ship. A number of men carry planks from the large ship to (= naar) the small ships. They also carry planks to the warehouse. At the side of the warehouse, we see a stately house of three storeys. The old merchant from the tall warehouse lives there. From his windows he sees the fine ships and the busy traffic on the water. The old merchant works hard; he is a good man.

Vocabulary:

de stad	the town	het hout	wood
de wal	the town-wall (rampart)	het eikenhout	oak (i.e. wood)
		het deel	the part
de gracht	the town canal	een deel van	part of
de markt	the market	oud	old
de lunchroom	the snack bar	omringd	surrounded
de grond	the ground	hoog	high, tall
de ruimte	the space	lang	long
de plank	the plank	diep	deep
de balk	the beam	nauw, smal	narrow
de eik	the oak	open	open
de bezoeker	the visitor	wijd	wide
het gebouw	the building	deftig	stately
het plein	the square	duur	expensive
het marktplein	the market square	ver; verder	far; farther
		ruim	roomy, spacious
het stadhuis	the town hall	breed	broad
het pakhuis	the warehouse	eikenhouten	(made of) oak
het café, het cafétje	the café	dik	thick
		stevig	firm
het restaurant	the restaurant	vroeg; vroeger	early; earlier, former(ly)
het centrum	the centre (of a town)	druk	busy

lief	dear = sweet	enig	some; only
bij	near	men	people, one
tussen	between	even	equally
vooral	above all	kronkelen	to wind, meander
want	for	dragen	to carry
nogal	fairly, rather	wonen	to live, dwell

Lesson six
Zesde les

EEN ZONDERLING AVONTUUR VAN BARON VAN MÜNCHHAUSEN
IN POLEN

Het is winter. De beroemde Baron van Münchhausen is
op reis. Hij reist te paard van Rome naar Rusland. Nu is
hij in Polen. 's Morgens vertrekt hij uit een kleine stad.
Hij rijdt de hele dag, zonder een enkel huis of dorp te zien.
Het is heel koud, en 's middags begint het te sneeuwen. Er
valt vreselijk veel sneeuw. Na lange uren wordt het avond.
Het landschap ligt onder een dikke laag sneeuw verborgen.
Er is niets te zien: geen struik, geen boom, geen huis, niets.
De baron ziet zelfs geen weg. Alles is wit, maar toch wordt
het donker. De baron zoekt een licht, want hij wordt moe.
Waar een licht is, is misschien een bed en ook wat voedsel.
Maar hij heeft geen geluk en hij is de weg kwijt. Op den duur
wordt zijn paard zo moe dat het bijna valt. Opeens struikelt
het over een klein ijzeren paaltje dat een klein eindje boven
de sneeuw uitsteekt. De baron denkt dat het zeker een
wegwijzer is. Hij besluit te blijven waar hij is, en de volgende
morgen met frisse moed verder te gaan. Hij bindt zijn paard
aan het paaltje, legt zijn pistolen onder zijn hoofd, rolt zich in
zijn reisdeken en valt in slaap.

De volgende morgen wordt de baron wakker. Het is mooi
weer, de zon schijnt en de baron ligt op het groene gras van
een klein kerkhof. Zijn mantel ligt nog steeds onder hem,
en zijn pistolen liggen ook op de grond onder zijn hoofd.
'Droom ik?' zegt hij. 'Nee, ik ben echt wakker. Maar waar
ben ik, en waar is mijn trouw paard?' Op dat ogenblik hoort
de baron het antwoord in de vorm van het gehinnik van
zijn paard, hoog boven zijn hoofd. 'Wat is dat? Hoe is dat
mogelijk?' Hij kijkt naar boven, en ziet het paard, boven

aan de toren, met de teugel aan het haantje van de toren. De baron neemt een van zijn pistolen. Hij mikt en schiet: de teugel breekt, het paard glijdt naar beneden, en valt zachtjes op het gras. De baron springt op zijn paard en rijdt weg.

Wat is er gebeurd? De baron vertelt het volgende:

Eerst valt er zoveel sneeuw, dat het hele landschap diep onder de sneeuw ligt. Het ijzeren paaltje dat boven de sneeuw uitsteekt, is het haantje van de toren, en niet een wegwijzer. Plotseling wordt het 's nachts warmer, en het dooit. Al de sneeuw smelt, en het paard blijft hoog en droog op het dak. De rest weet U. Maar ... gelooft U het? Als het waar is, is het zeker een heel zonderling avontuur.

A: Rules for the formation of the Present Tense:

General Rule:

The 1st, 2nd and 3rd persons singular are written so as to reproduce the pronunciation of the root in the Infinitive—the 2nd and 3rd persons adding a -t.

> e.g. kijken—ik kijk—hij kijkt
> lopen—ik loop—hij loopt
> nemen—ik neem—hij neemt

N.B. 1.—As no syllable in Dutch may end in either *z*, *zt*, *v* or *vt*, these endings are written *s*, *st*, *f*, or *ft*, respectively.

> e.g. lezen—ik lees—hij leest
> leven—ik leef—hij leeft

N.B. 2.—Note once more that no syllable in Dutch may end in a doubled consonant.

> e.g. tellen—ik tel—hij telt

N.B. 3.—If the root ends in a -t, no second t is added for the 2nd and 3rd persons (cf. N.B. 2), and similarly there is no extra -t to be discarded in the case of inversion; the spelling -dt can occur when necessary.

> e.g. zitten—ik zit—hij zit
> worden—ik word—hij wordt

N.B. 4.—komen is irregular.

> ik kom, je komt, hij komt, wij komen, jullie komen, zij komen, U komt.

B: *Adjectives indicating materials.* These are formed by adding -en to the name of the material, keeping the original pronunciation unchanged: papier—papieren, ijzer—ijzeren, hout—houten, steen—stenen.

These adjectives must never be used alone:
de houten kist, but: de kist is van hout.

C: *Diminutives.* All diminutives are neuter.

1) General rule: They are formed by adding -*je* to the original noun.

2) If the noun ends in:

If the noun ends in:	add:	e.g.:
long vowel + l	-tje	paal, paaltje
short vowel + l	l-letje	bal, balletje
long vowel + m	-pje	raam, raampje
short vowel + m	m-metje	kam, kammetje
long vowel + n	-tje	kraan, kraantje
short vowel + n	n-netje	kan, kannetje

long vowel + r	-tje	paar, paartje
short vowel + r	r-retje	kar, karretje
w or vowel	-tje	duw, duwtje

3) schip is irregular: scheepje

The vocabulary to this lesson is very important. It contains a number of words and expressions that do not occur in the text, but are in some way connected with it.

Translate into Dutch:

1. The cold winter.
2. It is a cold winter.
3. It is cold in winter.
4. It is very cold.
5. In winter it is terribly cold.
6. He goes on a journey.
7. He is on a journey.
8. He travels.
9. We travel.
10. We travel in winter.
11. You people travel.
12. We leave (from = uit) Holland.
13. It rains.
14. It begins to rain.
15. The white snow melts.
16. It thaws.
17. There is no snow.
18. There is nothing.
19. The snow is thick.
20. The thick layer.
21. A thick layer of snow.
22. The layer is thick.
23. Everything is white.
24. There is nothing to be seen.
25. I see nothing.
26. After long hours it begins to snow.
27. There are bushes round the house.

28. There is a light in the house.
29. 30. There are no lights in the houses (2 translations).
31. I am getting tired (= I become tired).
32. He is also very tired.
33. He is so tired that he falls.
34. I have lost my way.
35. Have you lost your way?
36. The iron post.
37. The wooden post.
38. I see a small portion (= het deel) of the post.
39. It is a signpost.
40. It is getting dark.
41. I see the road.
42. I do not see the road.
43. I do not even see the road.
44. It is lost.
45. My pistol is lost.
46. His pistol is not lost.
47. I lay my pistol on the ground.
48. He lays his pistols on the ground.
49. He puts his blankets under him(self) (= zich).
50. We fall asleep.
51, 52. It is cold at night (2 translations).
53. He travels during the day and he sleeps during the night.
54, 55. In the evening the horse seeks food (2 translations).
56. There is no food on the snow.
57. The snow lies on the grass.
58. There is no green grass.
59. It is dark and there is nothing to be seen.
60. He sees nothing.
61. He wakes up.
62. Does he wake up?
63. Does the baron wake up?
64. I suddenly wake up.

65. Suddenly I wake up.
66. The sun shines on the snow.
67. It is getting warmer.
68. It is thawing.
69. When it thaws, the snow melts.
70. Am I really awake?
71. Where is the signpost?
72. Where is my horse?
73. Where is his horse?
74. His horses and our horses.
75. Our horses are standing along the road.
76. The grass is green.
77. The green grass of the churchyard.
78. The church stands at the side of the old churchyard.
79. The tower is high.
80. The high tower.
81. It is high above my head.
82. It is above our heads (translate as: our head).
83. It is not possible.
84. Perhaps it is still possible.
85. The horse neighs.
86. He hears the neighing of the horse.
87. At that moment I see the horse.
88. We fall on the grass.
89. Does he fall?
90. He looks up.
91. It is not a signpost, but the weathercock.
92. He takes one of our pistols.
93. The pistols are still dry.
94. He shoots.
95. Does the bridle break?
96. He falls gently.
97. I decide to leave.
98. We jump on our horses and ride away.
99. It is terribly warm.
100. We go on with fresh courage.

Vocabulary:

de reis	the journey	Holland, Neder-lands	Dutch
de kerk	the church		
de toren	the tower, steeple	Engeland	England
de paal	the post	Engels	English
de wegwijzer	the signpost	Polen	Poland
de struik	the bush	Rusland	Russia
de teugel	the bridle	's zomers	in summer
de sneeuw	the snow	's winters	in winter
de regen	the rain	in de herfst	in the autumn
de wind	the wind	in de lente	in the spring
de lente	spring	overdag	during the day
de zomer	summer	's morgens	in the morning
de herfst	autumn	's middags	in the afternoon
de winter	winter	's avonds	in the evening, at night
de dag	the day		
de morgen	the morning	's nachts	at night, during the night
de middag	the afternoon		
de avond	the evening	zonderling	curious
de nacht	the night	beroemd	famous
de baron	the baron	heel (adj.)	whole, entire, all
de moed	the courage	heel (adv.)	very
de slaap	the sleep	koud	cold
de deken	the blanket	vreselijk	terrible, terribly
de mantel	the cloak	verborgen	hidden
het avontuur	the adventure	niets	nothing
het land	the land, country	zelfs	even
het landschap	the landscape	toch	yet (= all the same)
het dorp	the village		
het kerkhof	the churchyard	moe (moede)	tired
het haantje (van de toren)	the weathercock	misschien	perhaps
		kwijt	lost
het gras	the grass	zo	so
het paard	the horse	opeens	at once
het gehinnik	the neighing	ijzeren	(made of) iron
het licht	the light	zeker	certain(ly)
het geluk	(good) luck	fris	fresh
het ijzer	iron	zich	himself
het pistool	the pistol	wakker	awake
het hoofd	the head	nog steeds	still
het ogenblik	the moment	echt	real
het eind	the end	trouw	faithful
een eindje	a little way	mogelijk	possible
Holland, Neder-land	Holland, The Netherlands	zacht	soft(ly)
		zachtjes	softly

plotseling	suddenly	besluiten	to decide
warm	warm, hot	blijven	to remain
droog	dry	uitsteken	to stick out
waar	true	binden	to bind
zonder	without	rollen	to roll
na	after	slapen	to sleep
op reis	on a journey	dromen	to dream
te paard	on horseback	zeggen	to say
op den duur	in the long run	hinniken	to neigh
het volgende	the following	nemen	to take
Wat is er gebeurd?	What has happened?	mikken	to aim
		schieten	to shoot (=fire)
reizen	to travel	breken	to break
vertrekken	to leave	glijden	to glide, slide
rijden	to ride	springen	to jump
beginnen	to begin	vertellen	to tell
sneeuwen	to snow	volgen	to follow
vallen	to fall	dooien	to thaw
regenen	to rain	smelten	to melt
waaien	to blow (of wind)	weten	to know
worden	to become, get	geloven	to believe
zoeken	to seek	in slaap vallen	to fall asleep
struikelen	to stumble	wakker worden	to wake up (oneself)
denken	to think		

N.B. to put (flat) down, or lay = leggen
to put down (on end) = zetten

Lesson seven
Zevende les

Dictation (for checking only):

Het kind staart naar het blanke dak, de tintelende sterren-hemel, de zilveren maansikkel, naar de brede geheimzinnige schaduw, zwart-donker, achter de schoorsteen. 't Is doodstil daar buiten; ook binnen weinige geluiden. In de ruime langwerpige huiskamer met hoge zoldering, bromt de grote kolomkachel als een goedmoedige reus. Uit de starvormige opening in het deurtje, de roos, nu losgedraaid om 't fel branden te temperen, valt een reusachtige ster van uitschie-tend en inkrimpend flikkerlicht op de muur en de mahonie-houten secretaire met koperbeslag. Nagenoeg de hele familie is aanwezig. Moeder zit aan de grote vierkante tafel, een eindje van de ramen af geschoven naar de kachel toe, en het theegoed is te zien in de schemerschijn.

Head Clauses, Dependent Clauses and Co-ordinate Sentences.

A clause is a connected group of words containing a finite verb. A finite verb is a form of a verb indicating person (1st, 2nd or 3rd) and number (sing. or plur.) — see, sees. Non-finite forms of the verb do not indicate person and number, e.g. 1) the infinitive — to see, 2) the present participle—seeing, 3) the past participle—seen.

A complex sentence consists of a number of clauses. One of these clauses contains the main statement and is called the head clause; all other clauses play a certain part within this head clause and are called dependent clauses. The part they play in the head clause is that of adjective (adjectival clause), of adverb (adverbial clause), or of noun (nominal clause, either subject clause or object clause). The head clause is not necessarily the first clause of the complex sentence. If the head clause is preceded by a dependent clause, there will be inversion in the head clause. The general word order of the head clause in Dutch is that given on p. 9. The word order within the dependent clause is altogether different: inversion never occurs since the finite verb goes to the end.

Mijn oom, die op de hoek van de straat woont, gaat om vijf uur naar huis

S (- - - - - - - - - -v¹) V RRR.

(My uncle, who lives at the corner of the street, goes home at 5 o'clock.
Om vijf uur gaat mijn oom, die op de hoek van de straat woont, naar huis.

R V S (- - - - - - - - - -v¹) RR.

(At 5 o'clock, my uncle who lives at the corner of the street, goes home.)

N.B. 1—In the above examples, the dependent clause plays the part of adjective to *oom*. The inversion in the head clause of the second example makes no difference to the dependent clause.

N.B. 2.—All adjectival clauses in Dutch are linked with the head clause by means of a relative pronoun, which may never be left out as it frequently is in English

> The man (that) I see is my uncle.
> De man *die* ik zie is mijn oom.

N.B. 3.—When the relative pronoun is used without an accompanying preposition, its form depends on the gender and number of the noun to which it refers: referring to a Neuter Singular it is *dat,* referring to a Neuter Plural or a Common Singular or Plural, it is *die:*

C Sg: die ... ... De man die spreekt is mijn oom =
N Sg: dat ... ... Het huis dat daar staat is van mijn oom =
Pl: die ... ... De huizen die daar staan zijn van mijn oom =
English: = The man who speaks is my uncle.
= The house which stands there belongs to my uncle.
= The houses which stand there belong to my uncle.

N.B. 4.—When the relative pronoun is accompanied by a

preposition (e.g. to whom, on which), the form used depends on whether it refers to a person (or persons) or a thing (or things), irrespective of gender and number:

a)   if referring to a person (or persons) use *preposition + wie* (2 separate words):
De man *met wie hij spreekt* is rijk = The man with whom he is talking is rich.

b)   if not referring to a person (but to a thing) use *waar + preposition* (written as one word):
De tafel *waarop het ligt* is schoon = The table on which it lies is clean.
It is possible, though not customary, to use this construction when referring to persons.

N.B. 5.—Do not translate the English preposition literally in all cases, but use the one demanded by the Dutch idiom:

> to look at—kijken naar (naar wie, waarnaar)
> to wait for—wachten op (op wie, waarop)
> to listen to—luisteren naar (naar wie, waarnaar)

The train for which he is waiting is late = De trein waarop hij wacht is te laat.

The man at whom you are looking is going away = De man naar wie je kijkt gaat weg.

N.B. 6.—*whose* means *of whom* and is to be treated as a combination of relative pronoun and preposition: van wie.

N.B. 7.—*waar + preposition* (one word) can be broken up in colloquial Dutch; the preposition then directly precedes the verb:

> Het huis waar we van spreken, . . .
> Het paaltje waar het aan hangt, . . .
> De trein waar ik morgen mee vertrek, . . .
> In speech this method is preferable.

N.B. 8.—The preposition *met* is changed to *mee* when linked with *waar:* Het pistool waarmee hij schiet . . .

D

A sentence can be composed of two or more head clauses (each with or without one or more dependent clauses) linked by a word indicating the existence of some connection between the head clauses. The head clauses are not however subordinate to each other. Such sentences are called co-ordinate or compound. The word linking the head clauses is called a conjunction. In some cases it is considered as remaining outside the sentence proper, and does not influence the word order of the head clause it introduces. Such conjunctions are: *en* = and, *maar* = but, *want* = for, *of ... of ...* = either ... or ...

Examples:

(He goes home at 4 o'clock *and* he does his work.)
Hij gaat om vier uur naar huis, *en* hij doet zijn werk.
S   V   RRR   —X— S V   RRR

(It is very long, *but* it is not really long enough.)
Het is heel lang, *maar* het is toch niet lang genoeg.
S V RRR —X— S V   RRR

(I am going home, *for* I am tired.)
Ik ga naar huis, *want* ik ben moe.
S V   RRR —X— S V RRR

It is clear that there are no dependent clauses among the above examples, as in none of them does the Dutch finite verb have end-position. Compare them with the following example, a main clause with dependent clause of reason:

(He is going home, because he is extremely tired.)
Hij gaat naar huis, omdat hij vreselijk moe is.
S   V   RRR   (x   s......... v^1)

In many cases the word linking the co-ordinate sentences is however taken to belong to the head clause it introduces, and causes inversion to take place in it; this clause is still not a dependent clause:

(It is raining; *therefore* I shall stay at home.)
Het regent; *daarom* blijf ik thuis.
S   V (RRR) —X   V S RRR

Exercise 1.   Translate into Dutch:

1.	I ride	11.	He shoots
2.	We travel	12.	He becomes
3.	I travel	13.	He travels
4.	Do you think?	14.	We roll
	(familiar)	15.	I am taking
5.	She decides	16.	They stumble
6.	I remain	17.	He binds
7.	You hear	18.	Do I hear?
8.	It rains	19.	Does it fall?
9.	It breaks	20.	He does his work
10.	He says		

Exercise 2.   Translate into Dutch:

1. The mailboat which lies in the harbour has a yellow funnel.
2. The gulls fly round the cook who throws the food overboard.
3. The passenger follows the porter who has his luggage.
4. The barrow, on which the fruit lies, stands near the ship.

Exercise 3.   Translate into Dutch:

1. There are four chairs round the table which stands in the middle of the room.
2. The tablecloth which lies on the table is pure white.
3. Peter, whose glass it is, takes the milk.
4. The glass from (= uit) which he drinks stands by the side of his plate.
5. The milk Peter drinks is cold.

Exercise 4.   Translate into Dutch:

1. My room, which is on the first floor, is next to the spare room.

2. The room which has a balcony has also a large window.
3. Is this (= dit) the canal that goes to the harbour?
4. The road that runs along the canal is not very wide.
5. The trees that are at the back of the house are straight in front of his window.

Exercise 5.   Translate into Dutch:

1. The boat which my father has lies near the bridge.
2. Here is the man whose car it is.
3. The man who goes on board is a merchant.
4. He takes the fruit that lies on the barrow.
5. The cart on which he puts the apples is very old.

Exercise 6.   Translate into Dutch:

1. The streets that wind through the old town are long and narrow.
2. The ground on which the warehouse stands is very dear.
3. Does the old merchant live in the house that stands near the warehouse?
4. The people who are sitting in the restaurant are visitors.
5. The house I see has three storeys.

Lesson eight
Achtste les

Spelling and pronunciation exercise:

1.	mazen	11.	sluier
2.	vijl (= veil)	12.	milt
3.	vreemd (= vreemt)	13.	geul
4.	juichen	14.	smelt
5.	kneuzen	15.	vierkant
6.	plaggen	16.	buil
7.	rijzen (= reizen)	17.	brallen
8.	kluis	18.	plegen
9.	rauw (= rouw)	19.	geur
10.	keileem (= kijleem)	20.	meelspijs (= meelspeis)

Personal Pronouns (cf. p. 8) can be used as direct and indirect objects.

The sketches will make clear the relations existing in space between subject and object(s).

A. *The direct object pronouns.*—Instead of saying: He sees the book, one can say: He sees it; instead of saying: He sees Peter, one can say: He sees him.

'It' and 'him' stand for the direct objects (book, Peter), and are therefore direct object pronouns.

The direct object pronouns can be either stressed (accented) or weak (unaccented).

1. Stressed

accent on object

Hij ziet mij	Hij ziet ons
Hij ziet jou	Hij ziet jullie
Hij ziet hem	Hij ziet hen (persons)
Hij ziet het	Hij ziet U

2. Weak

accent on subject or verb

Hij ziet me	Hij ziet ons
Hij ziet je	Hij ziet jullie
Hij ziet 'm	Hij ziet ze (persons and
Hij ziet ze	things)
Hij ziet het	Hij ziet U

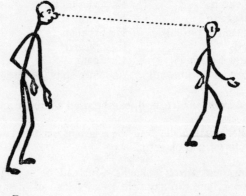

I·········· see········the man.
S.   V.   Dir. Obj.

B.   *The indirect object pronouns.*—We can use two different constructions, one with and one without a preposition before the indirect object; the order of the words is different in the two constructions:

    Hij geeft Piet het boek   = Hij geeft het boek aan Piet
    He gives Peter the book   = He gives the book to Peter

Using a pronoun for the indirect object, these sentences become:

Hij geeft *hem* het boek   = Hij geeft het boek *aan hem*
He gives him the book   = He gives the book to him

Using pronouns for both objects, both constructions use the same order:

Hij geeft het hem   = Hij geeft het aan hem
He gives it him   = He gives it to him

                etc.

Hij geeft het mij
Hij geeft het jou
Hij geeft het hem
Hij geeft het haar
*—
Hij geeft het ons
Hij geeft het jullie
Hij geeft het hun
        (to persons)
Hij geeft het ze
(to persons and things)

* No indirect object pronoun for 3rd pers. sing. neuter.

C. The direct object pronouns *het* and *hem* (when referring to a thing) may not be used after a preposition. Instead of *op het* we must say *erop;* *door het* is replaced by *erdoor;* etc.

Note: 1) that *met het* becomes *ermee;* 2) *er + preposition* is split up by *niet*:

Hij houdt van pap = hij houdt ervan.
Hij speelt met het scheepje = hij speelt ermee.
Ik houd niet van pap = ik houd er niet van.

Reading matter:

AAN HET STRAND

We zijn nu in de maand augustus. De zee is kalm en de golven zijn niet heel groot. Het is hoog water. Het is warm op het strand. Vader ligt in een ligstoel te slapen. Piet, die een schop en een emmertje heeft, zit op het warme zand. Moeder, die ook een ligstoel heeft, speelt wat met hem.

'Kijk,' zegt Moeder, 'daar ligt je schop.'—'Ja,' zegt Piet, 'ik zie hem.'—'En zie je het emmertje?'—'Ja,' antwoordt Piet, 'ik zie het.'—'Welnu,' zegt Moeder, ''graaf dan zoet een kuil. Dan gaat Moeder ook wat slapen.'' Piet graaft nu een diepe kuil. Hij geniet op zijn manier. Ik vind kuilen graven veel te hard werk; ik houd van zwemmen. Er zijn veel mensen aan het baden of aan het zwemmen. De kleurige badpakken maken het strand heel vrolijk, en de vlaggen die op de hotels wapperen maken het een beetje feestelijk. Heel in de verte horen we de muziek van een orkestje op de zeeboulevard. Er zitten daar heel wat mensen naar het orkestje te luisteren.

Exercise 1. Translate into Dutch:

1. He is breaking the spade.
2. Do you believe it? (formal)
3. He bathes in the sea.
4. Does he remain in the water?
5. He does the work.
6. She does not walk on the promenade.
7. Isn't she walking on the promenade?
8. Are you remaining here? (familiar)
9. I fetch a deck-chair.
10. Is he digging a pit?

Exercise 2. Translate into Dutch:

1. You are dreaming! (familiar)
2. He likes the beach.

3. He sits on the sand.
4. He glides from the roof.
5. They lay it on the wet sand.
6. Are you taking the pears? (formal)
7. Are you doing it?
8. They roll in the sand.
9. I stand beside the bright light.
10. Do you see a bright light?

Exercise 3.   Translate into Dutch:

1. There are twelve months in a year.
2. The first month of the year is January and the second
   is February.
3. He has two large pails.
4. Many people are walking on the beach.
5. Very many gulls are flying over the harbour. (Er ...)
6. A large white gull is sitting on a wooden post.
7. The sun shines on the warm yellow sand.
8. Are you working hard? (familiar)—No, there is no
   work.
9. Many green deck-chairs are standing on the long
   promenade. (Er . . .)
10. Have you your bathing-suit? (familiar)

Exercise 4.   Give the full Present Tense of the following
verbs:

    hebben   staan   doen   zijn   reizen

Exercise 5.   Answer in Dutch:

1. Wat is de eerste maand van de zomer?
2. Wie zit op de ligstoel?
3. Wat doen de mensen op het strand?
4. Hoe is de zee 's zomers?
5. Wat doet Piet?
6. Waar is vader, en wat doet hij?

7. Zijn er vlaggen, en zo ja (= if so), waar?
8. Wat doet het orkest?
9. Houd jij van zwemmen?
10. Zwemt men met hoog water of met laag water?

Exercise 6. Translate into Dutch:

1. He digs the pit. He digs it.
2. We see the people. We see them.
3. He gives the pail to Peter. He gives it to him.
4. We give the books to her. We give them to her.
5. Our deck-chairs are on the promenade. They are there.
6. How much do the apples cost? How much do they cost?
7. The book lies on the table; I see it and I look at it.
8. The newspaper lies on the chair; I see it, but I don't look at it.
9. You don't tell me what it is, but you tell (it) him! What is it?
10. The pail and the spade are beside Peter. He has them beside him (= zich).

Exercise 7. Translate into Dutch:

In summer it is very pleasant on the beach. The sun makes the sand pleasantly warm; the children dig holes, many people swim and bathe, or listen to the band. The waves are small and roll gently on the beach, but in winter the sea becomes rough. Large waves beat on the coast, and the sea is grey. The sand lies deep under the snow and few people go on the beach. Even when it does not snow, the wind is cold. There are also no bands on the Promenade, and it is very quiet along the coast. In the autumn there are great storms and it is dangerous for the ships. The water along the coast is not very deep. The Dutch coast is very dangerous, but there are fine harbours. I like the summer, for then I swim; in winter I have too much work to do, and it is always dark.

Vocabulary:

de kust	the coast	daar	there
de kuil	the hole	welnu	well now! well then!
de zee	the sea		
de golf	the wave	oranje	orange
de storm	the storm	violet	violet
de verte	the (far) distance	paars	purple
de boulevard	the promenade	rose	pink
de muziek	the music	zwart	black
de vlag	the flag	bruin	brown
de krant	the newspaper	grijs	grey
de ligstoel	the deck-chair	kalm	calm
de emmer	the pail, bucket	groot	large
de schop	the spade	hard	hard
de maand	the month	kleurig	colourful
de manier	the way, manner	vrolijk	gay
het strand	the (sandy) beach	feestelijk	festive
het zand	the sand	ruw	rough
het gevaar	the danger	stil	quiet
het hotel	the hotel	nat	wet
het orkest	the orchestra	gevaarlijk	dangerous
het feest	the feast	laag	low
het bad	the bath, bathe	zoet	well-behaved, sweet
het pak	the suit of clothes		
het badpak ⎱	the bathing-suit	antwoorden	to answer
het zwempak ⎰		graven	to dig
het boek	the book	spelen	to play
het werk	the work	genieten	to enjoy (oneself)
een beetje	somewhat, a little	houden van	to like
		zwemmen	to swim
		baden	to bathe, bath
januari	juli	luisteren naar	to listen to
februari	augustus	slaan	to beat
maart	september	wapperen	to fly (of flag)
april	oktober	werken	to work
mei	november		
juni	december		

N.B. 1.—few = weinig
a few = enkele

N.B. 2.—als = when
wanneer = when, whenever
toen = when (only with Past Tense)

Lesson nine
Negende les

Spelling and pronunciation exercise:

N.B.—vrolijk—prettig—vrolijkheid—geluk.

1.	jolig	8.	olijk	15.	vreselijk
2.	wijzigen	9.	blijheid	16.	gereed
3.	dadelijk	10.	ijselijk	17.	ruzie
4.	geniepig	11.	ijzig	18.	heimwee
5.	gelijk	12.	verdeeldheid	19.	bereid
6.	verslag	13.	geluk	20.	pleidooi
7.	duidelijk	14.	wijziging		

(A phonetic transcription of this exercise is given in the Phonetic Appendix.)

The Separable Verbs.—Separable verbs consist of an ordinary verb, preceded by a prefix that carries the accent and has an obvious meaning; thus: *aan*komen. In head clauses the prefix is separated from the finite part of the verb and goes to the end of the clause; prepositional adjuncts may follow it—but need not do so. (N.B.—A prepositional adjunct is a group of words without a verb, introduced by a preposition.) In dependent clauses—in which the finite verb automatically goes to the end—the prefix is not separated from its root; it is not usual for the prepositional adjunct to follow the separable verb in the dependent clause. The head clause containing a separable verb should be completed before starting a dependent clause.

The Inseparable Verbs consist of an ordinary verb preceded by a prefix which is never separated from the root; the accent always falls on this root, e.g. her*ken*nen, to recognize. Inseparable prefixes are: be-, er-, ge-, her-, ont- and ver-. Unlike the prefixes of separable verbs, the prefixes of inseparable verbs are, generally speaking, not words in themselves, but there are exceptions, so that it is wise to refer to a dictionary giving accents.

Examples:

>aankomen (accent on aan-)
>Ik kom aan. Kom ik aan? . . ., als ik aankom.
>Ik kom in Utrecht aan. Ik kom om acht uur in Utrecht aan.
>Hij steekt de lamp aan. Steekt hij de lamp aan?
>Steekt hij de lamp nog niet aan?
>Ik steek de lamp aan, als ik aankom.
>Steekt hij de lamp aan, als hij daar aankomt?
>Hij komt om zes uur aan. Hij komt aan om zes uur.

(English):

>= to arive.
>= I arrive. Do I arrive ? . . ., when I arrive.
>= I arrive at Utrecht. I arrive at Utrecht at eight o'clock
>= He light.s the lamp. Does he light the lamp?
>= Does not he light the lamp yet?
>= I light the lamp when I arrive.
>= Does he light the lamp when he arrives there?
>= He arrives at six o'clock.

Dutch children used to learn a little jingle about the old-fashioned lamplighter:

Wie ben ik? Ik kom aan, ik zet neer, ik klim op, ik doe open, ik licht op, ik steek aan, ik zet neer, ik doe dicht, ik klim af, ik neem op, ik ga weg.

The verbs are: aankomen = to arrive; neerzetten = to put down; opklimmen = to climb up; opendoen = to open; oplichten = to lift up; aansteken = to light; dichtdoen = to shut; afklimmen = to climb off; opnemen = to pick up; weggaan = to go away.

De ladder = the ladder; de lamp = the lamp; het lampe-glas = the funnel (of the lamp); de lantaren = the street lamp; de lantarenopsteker = the lamplighter; de lantaren-paal = the lamppost.

Reading matter:

Ik heet Kees. Jan, mijn beste vriend, komt dan met een sneltrein mee. Ik ga hem afhalen. De trein komt om vijf uur aan. Ik ga op tijd van huis weg. Ik ga met de tram, en neem een kaartje: dat kost twintig cent. Ik geef de conducteur een kwartje, en hij geeft me vijf cent terug. Als ik op het station aankom, is het kwart voor vijf. Ik loop door het station, en koop een perronkaartje aan het loket, maar kijk eerst naar de nieuwe boeken en de vreemde kranten op de boeken-stalletjes, want ik heb tijd genoeg. Ik moet heel lang wachten. De trein is niet op tijd; hij heeft vertraging, en komt pas om kwart over vijf binnen, een kwartier te laat. Jan haalt zijn fiets, en ik help hem met zijn bagage. Omdat hij een fiets bij zich heeft en ik niet, loop ik met hem mee naar huis. Later gaan we samen fietsen, want we hebben natuurlijk beiden een fiets. Het wordt een mooie vacantie.

Learn the following *numbers:*

10: tien	21: een en twintig	40: veertig
11: elf	22: twee en twintig	50: vijftig
12: twaalf	23: drie en twintig	60: zestig
13: dertien	24: vier en twintig	70: zeventig
14: veertien	25:	80: tachtig
15: vijftien	26:	90: negentig
16: zestien	27:	100: honderd
17: zeventien	28:	250: twee honderd
18: achttien	29: negen en twintig	en vijftig
19: negentien	30: dertig	1000: duizend
20: twintig		

Carefully study the Dutch way of *telling the time:*

Acht uur ..	..	Eight o'clock
Vijf over acht	..	Five past eight
Kwart over acht	..	Quarter past eight
Half negen	..	*Half past eight*
Kwart voor negen	..	Quarter to nine
Vijf voor negen	..	Five to nine
Negen uur ..	..	Nine o'clock

12.30 is half-way through the first hour of the day. Hence the Dutch say *half een*. *Half twee* therefore indicates that half the second hour has passed, or that it is one hour plus a half hour, i.e. half past one.

Twenty past eight ... Twintig over acht = Tien voor half negen. (This alternative method applies to the ten minutes before the half hour).

Twenty to nine ... Twintig voor negen = Tien over half negen. (This alternative method applies to the ten minutes after the half hour).

The Dutch coinage:

de rijksdaalder = 250 cent (zilver)
de gulden = 100 cent (zilver)
het kwartje = 25 cent (zilver)
het dubbeltje = 10 cent (zilver)
de stuiver = 5 cent (brons)
de cent (brons)

N.B.—Two coins of 1 cent are 'twee centen'. The value of two of those coins together is 'twee cent'.

Exercise 1.   Translate into Dutch:

1. Does the train arrive? Where does the train arrive?
2. Who opens the door? He opens the door.
3. He arrives at the station (2 translations).
4. We shut the doors of the house.
5. We open the door because they arrive.

Exercise 2.   Answer in Dutch:

1.   Wie is Jan?
2.   Hoe heet de vriend van Kees?
3.   Komt Jan met een bus? (de bus = the bus)
4.   Fietst Kees naar het station?
5.   Hoeveel kost zijn tramkaartje?
6.   Hoeveel te laat komt de trein aan?
7.   Waar koopt Kees zijn perronkaartje?
8.   Hoe laat (= Om hoe laat) komt de trein aan?
9.   Hoeveel vertraging is er?
10.   Hoe gaan de vrienden naar huis?

Exercise 3.   Give the Dutch for the following times, in words:

1.	2 o'clock	8.	11.30	15.	5.17
2.	4.15	9.	11.35	16.	5.23
3.	1.30	10.	4.30	17.	8.30
4.	12.15	11.	3.25	18.	1.25
5.	6.27	12.	4.5	19.	6.45
6.	10.45	13.	12.30	20.	9.30
7.	7.30	14.	12.28		

Exercise 4.   Answer in Dutch:

1.   Hoeveel kwartjes zijn er in een gulden?
2.   Hoeveel dubbeltjes zijn er in 2 kwartjes?
3.   Hoeveel kwartieren zijn er in een uur?
4.   Hoeveel minuten zijn er in een half uur, en hoeveel in een kwartier?
5.   Hoeveel minuten zijn er tussen half zeven en tien over zeven?

Exercise 5.   Translate into Dutch:

I am on a journey to my friend Kees. I travel by train·
My train is an express-train, but there is some delay. The
train arrives at a quarter past five. When I arrive, there are
E

many people on the platform. There is a famous man on
(= in) the train, and a number of people wait for him. Where
is Kees? I see him, but he does not see me. I call 'Kees!'
He finds me and helps me with my luggage, and I fetch my
bicycle which is also on the train.

It is going to be (= het wordt) a fine holiday. We both have
bicycles, and Kees has a small boat on the canal. It is
his father's boat, but we always say that it is the boat of
Kees. We don't sleep in the house, but in the cabin of the
boat. One of us sleeps in the bunk, the other on a deck-chair
between two chairs. It is warm enough in summer.

When Kees and I come outside the station, we walk along
the street, then along the town-canal and across the bridge
to his home.

Vocabulary:

de sneltrein	the express-train	kwart voor ...	a quarter to ...
de tram	the tram	kwart over ...	a quarter past ...
de conducteur	the conductor	best	best
de tijd	the time	nieuw	new
(op tijd)	(in time)	natuurlijk	natural(ly)
de minuut	the minute	vreemd	strange, foreign
de vertraging	the delay	laat	late
de gulden	the guilder, florin	genoeg	enough
		pas	only
de stuiver	the 5 cent piece	omdat	because
de cent	the cent	samen	together
de vriend	the friend	beide	both (things)
de fiets	the bicycle	beiden	both (persons)
de vacantie	the holidays	halen	to fetch
het perron	the platform	kosten	to cost
het loket	the booking office	herkennen	to recognize
		fietsen	to cycle
het kaartje	the ticket	helpen	to help
het uur	the hour	roepen	to call
het kwartier	the quarter of an hour	heten	to be called
het kwartje	the 25 cent piece	*Separable Verbs:*	
het dubbeltje	the 10 cent piece	aankomen	to arrive
het boekenstalletje	the bookstall	neerzetten	to put down
		opklimmen	to climb up

opendoen	to open	weggaan	to go away
oplichten	to lift up	afhalen	to meet (fetch person from train, etc.)
aansteken	to light		
dichtdoen	to shut		
afklimmen	to climb down	teruggeven	to give back, return
opnemen	to pick up		

Lesson ten
Tiende les

Dictation (for checking only):

De groen geverfde luiken der beide kamers, die altijd door vrouw Willems zelfs tot 's namiddags voor de zon worden aangezet, glimmen ook nu in de middagstralen van de laatste augustus-zon. Zie, nog even tuurt Lammert rechts en links, maar dan, dan stoot hij een der luiken een weinig terzij; trekt zijn zakmes te voorschijn, en steekt de rug ervan zover mogelijk tussen de reet van 't kozijn en het venster. Wippende met het zakmes en drukkende met de linkerhand tegen het venster zelf, komt er na weinige ogenblikken rijzing in het enigszins knellende raam. Door de beide handen nu verder omhoog gedreven, piept het venster, en Lammert—verschrikt —ziet haastig weer rechts en links, maar dan,— dan slaat hij ook spoedig de beide handpalmen op het kozijn, wipt er zich op, springt naar binnen, trekt het luik weer dicht, doch laat het venster, vanwege het piepen, maar open.

Reading matter:

NOG EEN AVONTUUR VAN BARON VAN MÜNCHHAUSEN

Op een keer is de baron in een groot bos in Duitsland aan het jagen. Het is in de kersentijd. De baron houdt van lekker eten, en hij heeft zijn zak vol kersen. Hij is erg tevreden, behalve met de jacht; daarmee gaat het niet goed. Hij ziet allerlei wild, maar de dieren zijn schuw en komen niet dicht genoeg bij hem. Hij schiet op herten en wilde zwijnen, op hazen en konijnen, maar die dag raakt hij niets. Hij verschiet al de kogels en al de hagel die hij bij zich heeft, maar raakt niets.

Opeens komt een prachtig mooi hert vlak voor hem tussen de bomen, het trotse gewei hoog in de lucht. 'Wat nu gedaan?' denkt de baron. 'Ik heb geen kogels meer!' Dan denkt hij aan de kersen. Vlug doet hij wat kruit in zijn geweer—in de tijd van de baron zijn de geweren nog ouderwets —doet wat kersen in zijn mond en doet de kersepitten in de loop van zijn geweer. Vlug legt hij aan en schiet. Hij raakt het hert middenin het voorhoofd. Het hert wankelt, maar valt niet en ontsnapt.

De baron gaat treurig naar huis, en eet zijn laatste kersen op.

Enkele jaren later gaat de baron weer naar dat wilde bos terug. Na enkele uren jagen ziet hij iets wonderlijks. Een groot hert staat in een kleine vallei, en tussen de takken van zijn gewei groeit een hoge kerseboom. De baron herkent dan ook het hert als het hert van de vorige keer. De kersepit is nu een boom, die vruchten draagt, en wortelt in de kop van het dier. Deze keer mist de baron niet, zoals op zijn vroeger bezoek; met één schot heeft hij nu zowel het vlees voor zijn tafel als de kersen voor de saus, waar hij zoveel van houdt.

Als we de baron geloven, is het werkelijk een heel zonderling avontuur.

The Demonstrative Adjective:

deze man	this man	die man	that man
dit kind	this child	dat kind	that child

deze mannen　　these men　　　die mannen　　those men
deze kinderen　these children　die kinderen　those children

In the same way as 'it' and 'they', when used as a provisional subject, i.e. when the real subject has not yet been mentioned, must be translated by *het* (see p. 3), so 'this' and 'these', when used as a provisional subject, must be translated by *dit* and 'that' and 'those' by *dat:*

> Het is een brood.　　　Het is een tafel.
> Het zijn broden.　　　Het zijn tafels.
> Dit (or: dat) is een sneltrein.
> Dit (or: dat) zijn onze koeien.

Exercise 1.　Answer in Dutch:

1. In welk land is het bos waar de baron jaagt?
2. Waar houdt de baron van? (= Waarvan houdt de baron?)
3. Wat heeft hij in zijn zak?
4. Waarom raakt de baron niets?
5. Heeft de baron nog kogels als hij het hert ziet?
6. Wat doet hij in de loop van zijn geweer?
7. Wanneer ziet de baron het hert weer?
8. Wat heeft het hert op zijn kop?
9. Heeft de baron de tweede keer meer geluk?
10. Hoe maakt de baron saus voor het hertevlees?

Exercise 2.　Translate into Dutch:

1.	this house	11.	this storm
2.	these houses	12.	that ship
3.	that garden	13.	those tablecloths
4.	that land	14.	that newspaper
5.	this table	15.	this apple
6.	that knife	16.	this wall
7.	this year	17.	those trains
8.	this end	18.	these ships
9.	this plate	19.	that tree
10.	that loaf	20.	those trees

Exercise 3.   Translate into Dutch:

1. The stag that stands in the forest has large antlers.
2. The tree that grows on the head of the stag bears cherries.
3. The tree on (= aan) which cherries grow is on the head of the stag.
4. The gun with which the baron shoots is old-fashioned.
5. The baron hunts in a forest in which there are many wild boars.

Exercise 4.   Translate into Dutch:

1. It is a splendid stag because it has large antlers.
2. This is the stag at which the baron shoots.
3. These are the cherries that grow on that tree.
4. The baron hunts because he likes the flesh of wild animals.
5. The wild animals that live in the forest are very shy.

Exercise 5.   Translate into Dutch:

1. his antlers	6. their friend
2. her bicycle	7. their friends
3. her mother	8. our holiday
4. our work	9. your newspaper (sg. fam.)
5. your visit (sg. formal.)	10. your rooms (pl. fam.)

Exercise 6.   Give the opposites of:

1. wit	4. donkerbruin
2. warm	5. bovenaan
3. vrolijk	

Exercise 7.   Translate into Dutch:

Near the coast lies a village. The village is not very large. Part of the village lies round the market square. In the middle of this square stand a number of tall trees. A few people are sitting on the grass round the trees and they look at the church with the churchyard and the few houses with their gardens. There are no large houses in the village.

In each street there are trees, so that (= zodat) the village is very pretty. One street comes from the small harbour where there are boats. There are always people on the quay, who look at the boats. The second street goes to the other side of the village. At that side there is a very small station, where a tram arrives in the morning, in the afternoon and in the evening.

Vocabulary:

de vallei	the valley	prachtig	splendid
de jacht	the hunt	schuw	shy
de loop	the barrel (of a gun)	tevreden met	satisfied with
		trots	proud
de kogel	the bullet	treurig	sad
de hagel	shot (pellets)	vol	full
de haas	the hare	wonderlijk	wonderful
de mond	the mouth	wild	wild
de kop	the head (of an animal)	vlug	quick
		werkelijk	real(ly)
de kers	the cherry	allerlei	all sorts of
de pit	the stone (pip)	behalve	except
de kersepit	the cherry-stone	weer	again
de kerseboom	the cherry-tree	bij zich	on him
de saus	the sauce	dicht bij	close to
de keer	the time (the occasion)	geen . . . meer	no more . . .
		zowel . . . als	both . . . and . . .
de zak	the pocket	aanleggen	to aim
de laatste	the last	dragen	to bear
het bos	the forest	groeien	to grow
het geweer	the gun	geloven	to believe
het schot	the shot	jagen	to hunt
het kruit	the gunpowder	missen	to miss
het dier	the animal (living creature)	ontsnappen	to escape
		opeten	to eat (up)
het hert	the stag, deer	raken	to touch, hit
het konijn	the rabbit	schieten op	to shoot at
het (wilde) zwijn	the wild boar	verschieten	to use up (ammunition)
het gewei	the antlers		
het voorhoofd	the forehead	wankelen	to totter
het vlees	the meat (flesh)	wortelen	to strike root
het bezoek	the visit	de vorige keer	the previous time
klein	small	Wat nu gedaan?	What shall I (we) do now?
lekker	nice (to eat)		
nieuwerwets	new-fangled		

Lesson eleven
Elfde les

Spelling and pronunciation exercise:

1.	robijn	6.	razernij	11.	proefkonijn
2.	affuit	7.	veenboer	12.	meineed
3.	kruiloon	8.	puimsteen	13.	beetkrijgen
4.	scheurbuik	9.	snijboon	14.	keurteken
5.	kluitveen	10.	beenbreuk	15.	speenkruid

Dictation. (This dictation is to be understood and studied.)

De baron gaat enkele jaren later weer naar het wilde bos terug. Hij is weer aan het jagen, maar deze keer is hij gelukkig. Hij schiet op allerlei dieren en raakt ze allemaal. Dan gaat hij naar huis, maar als hij bijna uit het bos is, ziet hij een prachtig mooi hert. Het is een zonderling iets dat hij ziet. Tussen de takken van het trotse gewei staat een grote kerseboom, volgeladen met vruchten. Het is het hert dat hij kent van vroeger. Het hert hoort hem niet en ruikt hem niet. Hij legt zo vlug mogelijk aan en schiet. In één schot is het dier op de grond. Met trots kijkt de baron naar het sterke dier dat nu op het gras ligt.

Reflexive Verbs (verbs in which the subject is the object of its own action).

Infinitive: zich wassen = to wash (oneself).

N.B.—A verb that is reflexive in Dutch is not always reflexive in English and *vice versa*.

Present Tense:	Interrogative:
ik was me	was ik me?
jij wast je	was je je?
hij wast zich	wast hij zich?
zij wast zich	etc.
het wast zich	

65

wij wassen ons
jullie wassen zich (or: je)
zij wassen zich
U wast U, U wast zich

The 2nd pers. pl. fam. varies:
jullie wassen zich, (or: je), jullie wast zich (or: je)

Ik was me altijd voor het ontbijt. (I always wash before breakfast.)

Hij wast zich niet genoeg; hij ziet er vuil uit. (He does not wash enough, he looks dirty.)

cf. *zich wassen* and *wassen:*

Zij wast haar handen voor en na de maaltijd.
Was jij de vruchten even? Ik ga me wassen.

In this last example, note the use of the infinitive. The infinitive takes on the appropriate reflexive pronoun:

Ik ga me wassen	Wij gaan ons wassen
Jij gaat je wassen	Jullie gaan (or=gaat) zich wassen
Hij gaat zich wassen	Zij gaan zich wassen
Zij gaat zich wassen	
Het gaat zich wassen	U gaat U (or: zich) wassen

Other reflexive verbs are:

zich vervelen = to be bored
zich amuseren = to amuse (enjoy) oneself
zich snijden = to cut oneself

Use of the reflexive verb in dependent clauses:

Hij spat vreselijk als hij zich wast. (He splashes terribly when he washes.)

Je moet niet spatten als je je hier wast. (You must not splash when you wash here.)

Note also:

Ik was me niet = I do not wash
Ik scheer me eerst = I shave first
... omdat ik me niet was = ... because I do not wash
... omdat ik me eerst scheer = ... because I shave first
zich niet wassen = not to wash
zich eerst scheren = to shave first

Reading matter:

's Morgens om half acht loopt de wekker af. De wekker maakt een vreselijk leven, en staat op de tafel aan het andere eind van de kamer. Ik sta dus op om de wekker af te zetten en ga in mijn pyjama naar de badkamer. Vader, die altijd vroeger opstaat, is daar nog; hij scheert zich met een groot scheermes. Zijn scheerzeep en zijn scheerkwast staan op het plankje voor de spiegel. Ik wacht even. Hij ruimt op, en gaat daarna naar zijn kamer. Terwijl hij zich aankleedt begin ik mijn toilet. Ik doe gauw wat water in de waskom, neem dan spons en zeep, en was me. Nu word ik pas echt wakker. Ik droog me met de handdoek.—Waar is het nagelborsteltje? Dat is weg! Piet verliest altijd alles! Nu zoek ik mijn tandenborstel en de tandpasta, even een kam door mijn haar en ik ga terug naar mijn kamer. Ik kleed me nu ook aan, en als ik klaar ben, ga ik naar beneden om te ontbijten.

Exercise 1. Give the Dutch for the following times, in words:

1. 1.5	6. 8.36	11. 6.36
2. 7.15	7. 12.30	12. 8.23
3. 4.30	8. 8.45	13. 11.32
4. 5.25	9. 3.20	14. 10.30
5. 12.55	10. 4.15	15. 8.35

Exercise 2. Complete the following equations; watch singular and plural.

(*a*) 2 kwartjes + 5 dubbeltjes = ... gulden

(b) 2 kwartjes + 3 dubbeltjes + 3 stuivers = ... cent.
(c) 7 dubbeltjes + 5 stuivers = ... cent.
(d) 2 stuivers + 3 cent = ... cent.
(e) 3 kwartjes = ... stuivers
(f) 6 dubbeltjes + 3 stuivers = ... kwartjes.
(g) 3 kwartjes + 6 dubbeltjes + 4 stuivers = ... gulden ... cent.
(h) 1 rijksdaalder = ... kwartjes = ... dubbeltjes = ... cent.
(i) f 1.45 = ... kwartjes + ... dubbeltjes + ... stuivers.
(j) 90 c. = ... kwartje + ... dubbeltjes + ... stuiver.

N.B.—+ .. plus.   — ... min.   = ... is.
f or fl = abbreviation of guilder(s).

Exercise 3.   Translate into Dutch:

1. The baron who is in the forest sees the rabbits and the hares.
2. The stag that sees the baron runs away.
3. The animal, which is very strong, falls to the ground with one shot.
4. The baron is a man who enjoys himself when he is hunting.
5. The cherry-tree, which is laden with cherries, stands between the branches of the antlers.

Exercise 4.   Translate into Dutch:

1. He is washing (himself).   4. They are bored.
2. He does not shave.   5. Are you (people)
3. Is she not dressing?   shaving?

Exercise 5.   Translate into Dutch:

An old alarum-clock makes a terrible noise in the early morning. In the morning the noise of an old alarum-clock is always terrible. At half-past six in the morning my window is open. Through the open window the fresh air comes in. The sun shines and the birds sing. They sing in the high trees that are near the house. The small birds make much noise, but I do not hear them before the alarum-clock goes off, because I am sleeping. But, as soon as the alarum-clock does go off (= goes off), I wake up. Then I go to the window and look outside. There are no people in the street and no cars. Now I hear the birds, but they are shy. When I come to (= bij) the window, they fly away. Do you get up early?

Vocabulary:

de handdoek	the towel	dus	therefore
de kam	the comb	daarna	after that
de zeep	the soap	terug	back
de spiegel	the mirror	terwijl	whilst
de waskom	the washbasin	dan	then
de spons	the sponge	zodra	as soon as
de scheerzeep	the shaving-soap	om te	in order to
de scheerkwast	the shaving-brush	aflopen	to go off (alarum-clock)
de tandenborstel	the toothbrush	afzetten	to turn off (alarum-clock)
de tandpasta	the toothpaste		
de hand	the hand	kennen	to be acquainted with
de tand	the tooth		
de nagel	the nail	maken	to make
de pyjama	the pyjamas	opstaan	to get up
de tak	the branch	opruimen	to clear away
de wekker	the alarum-clock	ruiken	to smell
het toilet	toilet (wash and dress)	spatten	to splash
		binnenkomen	to come in
het nagelborsteltje	the nail-brush	verliezen	to lose
het scheermes	the razor	zingen	to sing
het haar	the hair	zich amuseren	to amuse oneself, to enjoy oneself
het jaar	the year		
het leven	the noise	zich wassen	to wash oneself
het plankje	the shelf	zich drogen	to dry oneself
gelukkig	lucky	zich scheren	to shave (oneself)
gauw	quick(ly)	zich snijden	to cut oneself
sterk	strong	zich aankleden	to dress (oneself)
vol geladen	laden	zich vervelen	to be bored
vuil	dirty		

Lesson twelve
Twaalfde les

Spelling and pronunciation exercise:

1.	stoven	5.	beulen	8.	builen
2.	pruilen	6.	bullen	9.	tallen
3.	krullen	7.	tollen	10.	tule
4.	stuiven				

Auxiliary Verbs with a meaning of their own:

kunnen = to be able (can)   *mogen* = to be allowed (may)

ik kan	ik mag
jij kunt, kan	jij mag
hij kan	hij mag
wij kunnen	wij mogen
jullie kunnen, kunt, kan	jullie mogen, mag, moogt
zij kunnen	zij mogen
U kunt, kan	U mag

moeten = to have to (must)   *willen* = to want, wish

ik moet	ik wil
jij moet	jij wil, wilt
hij moet	hij wil
wij moeten	wij willen
jullie moeten, moet	jullie willen
zij moeten	zij willen
U moet	U wil, wilt

N.B. 1.—Do not confuse the verb *willen* with English 'will' which is used to indicate the future.

Ik kan vinden	I am able to find (I can find)
Ik mag kijken	I am allowed to look (= I may look)
Ik moet schrijven	I must write (I have to write)
Ik wil wandelen	I want to walk

70

Ik kan niet lopen   I cannot walk
Kan ik niet gaan?   Can't I go?

N.B. 2.—The main verb goes to the end of the sentence.
I cannot find the house   Ik kan het huis niet vinden
I cannot find it   Ik kan het niet vinden

In dependent clauses the main verb may go either immediately before or immediately after the finite verb.

Is dit het boek dat je niet vinden kunt?
Is dit het boek dat je niet kunt vinden?

N.B. 3.—After *kunnen, mogen, moeten* and *willen*, the infinitive is not accompanied by *te*.

Weights and Measures.

1 meter = 10 decimeter = 100 centimeter (1 m = 10 dm. = 100 cm.)
1.000 meter = 1 kilometer
1 m² (vierkante meter) = 100 dm² = 10.000 cm²

1 m³ (kubieke meter) = 1.000 dm³ = 1.000.000 cm³
1 dm³ = 1 liter (= 1.000 cm³)
1 cm³ of distilled water at maximum density weights approx. 1 gram
1.000 gr (= gram) = 1 kilogram
1 dm³ = 1 liter = 1 kilogram

The following terms are colloquial:

    1 kilo = 1 kilogram
    1 pond = 500 gram
    1 ons = 100 gram
    1 el   = 69 cm

For rough calculations with small quantities:

    1 ft equals approx. 30 cm
    1 lb equals approx. 453 gr
    1 mile equals approx. $1^{1}/_{2}$ km

In expressing quantities, 'of' is generally left out:

    1 lb of cheese   = 1 pond kaas
    10 yards of linen = 9 meter linnen

Note also: a box of = een doos; a couple of = een paar; full of = vol; a number of = een aantal.

Reading matter:

In de meeste kleine steden op het platteland is er nog steeds een marktdag. Op die dag komen de boeren naar de stad om zaken te doen, en de boerinnen en buitenmensen doen hun inkopen. Ze gaan boodschappen doen in de kruidenierswinkels, de klerenwinkels, de banketbakkers, en overal in de stad is het dan vol.

Die éne dag van de week staan er dan kramen op de markt, waar men van alles in de open lucht kan kopen. De kramen bestaan uit een ruwe houten toonbank met een eenvoudig dak van linnen of zeildoek. Men verkoopt er vooral stoffen: linnen, laken, katoen, wol; ook kleren en linnengoed. Verder

van alles: huishoudelijke artikelen, snoepgoed, zogenaamd
zilver en goud, galanterieën, aardewerk, koperen voorwerpen,
en de ongelooflijkste artikelen liggen er soms ten toon.

Exercise 1. Translate into Dutch:

1. He must wash and shave himself.
2. He must be bored where he is.
3. Are we allowed to come?
4. You must come back.
5. Does he want to eat?

Exercise 2. Translate into Dutch:

1. They do not enjoy themselves.
2. We cannot do it.
3. Are we not allowed to come?
4. Won't he say it?
5. You must tell us (i.e. it to us).
6. You are not allowed to look.
7. Can you smell it? (fam.)
8. They cannot amuse themselves.
9. He must shave first.
10. Can't you give it to us?

Exercise 3. Translate into Dutch:

1. You must go home.
2. We are not allowed to go away.
3. Don't you want to walk?
4. Can he find them?
5. The boat can't sail.
6. The horse wants to drink.
7. You must give it to me.
8. Will you have it?
9. You must write home.
10. Do you want to hear it?

F

Exercise 4.   Give the full Present Tense of each of the
following verbs:

to stand	to remain
to come	to wash oneself
to be	to do
to see	to ride
to have	to buy

Exercise 5.   Answer the following questions referring to the
illustration:

1. Wat ziet U op de achtergrond?
2. Wat ziet U rechts vooraan?
3. Waar is de jongen met de fiets?
4. Wat houdt de man voor de linkse kraam op zijn arm?
5. Hoeveel mensen staan er naar te kijken?
6. Wat ziet U tussen de twee kramen?
7. Waar is de kerktoren?
8. Wat ligt er op de toonbank van de linkse kraam?
9. Wat staat er op de toonbank van de rechtse kraam?
10. Waar staat de boerin?

Exercise 6.   Give the plural forms of:

1.	de kraam	11.	de stof
2.	de bakker	12.	de week
3.	de winkel	13.	de boerin
4.	het voorwerp	14.	de bank
5.	de dag	15.	de smid
6.	de markt	16.	de zaak
7.	de rol	17.	het dak
8	de stad	18.	de kerktoren
9.	de boer	19.	het café
10.	de fiets	20.	de gevel

Exercise 7. Translate into Dutch:

1. I want to begin.
2. I do not want to begin.
3. Now he must come.
4. They begin to come.
5. He wants to buy a box.
6. You must take it out of the case.
7. He does not know what he wants.
8. She wants to buy some material.
9. Here is the material she wants to buy.
10. What does she want to buy?

Exercise 8. Translate into Dutch:

The merchant goes to the market. The big market is in the middle of the town. We call it the Big Market, because there are other markets in the town, such as the fish market and the cattle market.

Our merchant goes to his usual place. He comes with a boy who pushes a barrow. On the barrow are some packing cases with merchandise and the poles and roof of the stall.

In a few moments the stall is ready. Fortunately the weather is fine and the sun shines on the white roof. The boy goes to the merchant's shop and fetches some more goods. On the counter of the stall the merchant puts piles of goods. On the left he puts a few rolls of material; in the middle he unrolls a few rolls and on the right he has boxes with all sorts of goods, such as buttons and ribbons of all colours.

Exercise 9. Translation into Dutch, continued:

Now the people begin to come.

First comes a woman who buys three yards of cotton, then a girl who buys a couple of hair ribbons. A peasant woman buys a box of buttons. The merchant is very busy and the

boy has to help him. He must take the articles out of the
boxes and cases that are under and behind the counter and
give them to the man.

There are also people who do not know what they want to
buy. They first look here, then they look there, but a merchant
likes it when there are many people round his stall.

The entire market is now full of people, and the peasants
and the country women enjoy their day in town.

Vocabulary, containing a number of words not given else-
where in the lesson:

de plaats	the place	de goederen	the goods, merchandise
de beurs	the purse, the Exchange	de stapel	the pile
de jaarbeurs	the annual trade fair	de hoop	the heap
		de kist	the packing case
de Grote Markt	the market square	de doos	the (small) box
		de knoop	the button
de vismarkt	the fish market	de wol	the wool
de veemarkt	the cattle market	de deken	the blanket
de kaasmarkt	the cheese market	de kleren	the clothes
		de galanterieën	fancy goods
de vis	the fish	de kruik	the jug
de kraam	the stall	de schaal	the dish
de toonbank	the counter	de jongen	the boy
de klant	the customer	de boer	the peasant, farmer
de kruidenier	the grocer		
de kruideniers- winkel	the grocer's shop	de boerin	the country-woman, farmer's wife
de banketbakker	the pastrycook		
de bakkerij	the bakery	de buitenmensen	the country folk
de confectiezaak	the ready-made tailor's	de gevel(də 'γevəl)	the façade, outside wall
de snoepwinkel	the sweet-shop	de trapgevel	the stepped gable
de inkopen	the shopping		
de boodschap	the errand	het vee	the cattle
de stof	the stuff, material	het staangeld	the market-dues
		het goed	the material
de rol stof	the roll of material	het lint	the ribbon
		het paar	the couple, pair

een paar	a couple, a pair, a few	houden	to hold
het linnen	the linen	duwen	to push
het laken	cloth; the sheet	zaken doen	to do business
het zeildoek	the sailcloth	inkopen doen	to go shopping
het katoen	the cotton	boodschappen doen	to do the shopping
het huishouden	the household	bestaan uit	to consist of
het zilver	the silver	noemen	to call (= give a name to)
het goud	the gold		
het aardewerk	the earthenware	roepen	to call (= shout for)
het artikel	the article		
het voorwerp	the object	te koop aanbieden	to offer for sale
het meisje	the girl	betalen	to pay
het platteland	the country, countryside	verkopen	to sell
		kunnen	to be able (can)
het stof	the dust	mogen	to be allowed (may)
eenvoudig	plain, simple		
tweedehands	secondhand	moeten	to have to (must)
stoffig	dusty	willen	to want to
meest	most	Het ziet er mooi uit	It looks fine
ongelooflijk	incredible		
gewoon	usual	Ik heb het (heel) druk	I am (very) busy
huishoudelijk	domestic		
oprollen (sep.)	to roll up	Ik heb het graag	I like it
ontrollen (insep.)	to unroll	Het ligt ten toon	It lies on show

Lesson thirteen
Dertiende les

Dictation (for checking only):

Zij had eerst haar boek en toen haar handwerkje in de vensterbank neergelegd en zij zat zo maar stil te kijken; zij zag de lichte lucht, het blauw dat al grijzer werd van de vallende avond, vol zwevende en wegscherende vogels, de donkere huizen, en de grauwe mussen die buiten haar raam van het gladgevroren kozijn kruimels zaten te pikken. Zij zag achter de grachthoek de Amstel blinken en al mistiger worden, en over de brug in de verte trams en kleine mensen gaan: het was alles stil, helder en zonder geluid en zij wachtte dat het schemeren ging, voor zij op wilde staan en licht maken. De kamer werd al donkerder achter haar, in de halfduistere porceleinkast danste al, een spel van vuur en wit en blauw, weerschijn der vlammen langs haar Japanse schatten; langs de muren joegen al, iedere keer als de gloed van de haard weer opvlamde, schaduwen en rood licht over gouden lijstwerk en glanzend hout.

Exercise 1. Give the full Present Tense of the following verbs:

1.	gaan	5.	lopen	8.	leven
2.	zitten	6.	rijden	9.	eten
3.	reizen	7.	aankomen	10.	vertrekken
4.	doen				

Exercise 2. Give the full Present Tense of:
zich vervelen

Exercise 3. Give the full Present Tense of:
kunnen   zijn   mogen   hebben   moeten

Exercise 4. Give two translations of each of the following sentences, by beginning the sentences in different ways:

78

1. He arrives home at half-past seven.
2. The tram first goes to the other station.
3. You can see many foreign newspapers on the bookstall.
4. There are many people at the booking office.
5. The foreign newspapers are too expensive here.

Exercise 5. Translate into Dutch:

1. When I arrive at the market, there are many people.
2. If (= als) he has no bicycle, we must walk.
3. When he goes away, he always takes (= meenemen) a book.
4. The train with which John arrives is a quarter of an hour late.
5. The ticket with which you can go on the platform is called a platform ticket.

Exercise 6. Translate into Dutch:

1. This alarum-clock does not make much noise when it goes off.
2. In order to turn off the alarum-clock I must get up.
3. When Peter washes, he splashes terribly.
4. As I wash, he dresses.
5. I can see in the mirror what he does.
6. The razor father uses is extremely large.
7. He only wakes up when he puts (= steken) his head in (the) cold water.
8. He goes downstairs when he is ready.
9. Peter says that the nail-brush which I can't see lies on the shelf.
10. She says that my hands look dirty.

Exercise 7. Give the Dutch for the following times, in words:

1.	1.5	4.	12.45	7.	7.30
2.	3.15	5.	7.48	8.	9.45
3.	3.20	6.	6.30	9.	4.32

10.	4.28	14.	7.45	18.	3.36
11.	11.35	15.	1.40	19.	8.30
12.	6.25	16.	4.18	20.	11.50
13.	12.30	17.	2.48		

Exercise 8. Translate into Dutch:

1. a large forest
2. large forests
3. nice food
4. wild animals
5. a beautiful stag
6. beautiful stags
7. the last cherry
8. a tall tree
9. four shots
10. the nice cherries
11. the shy animals
12. the large forest
13. the new house
14. a proud man
15. the strong head
16. a strong head
17. the strange adventures
18. the small cherry-stone
19. an old-fashioned gun
20. the new gun

Exercise 9. Translate into Dutch:

1. my house
2. our house
3. our chairs
4. her bathing-suit
5. their deck-chairs.
6. his horse
7. your boat (fam. sg.)
8. your boat (fam. pl.)
9. your boat (formal)
10. its spade

Exercise 10. Translate into Dutch:

1. this merchant
2. that roll of material
3. this toothbrush
4. these packing-cases
5. those shaving brushes
6. that barrow
7. this hair ribbon
8. those hair ribbons
9. this apple
10. this fruit (= vruchten)
11. that forest
12. that glass
13. that plate
14. that fork
15. these plates
16. these forks
17. those spoons
18. this gun
19. that horse
20. those streets

Exercise 11.   Translate into Dutch:

1. The man of whom you are thinking can't do it (denken aan = to think of).
2. Is this the train for which we are waiting? (wachten op = to wait for)
3. The merchant to whom this stall belongs has a shop at the corner of our street (behoren aan = to belong to).
4. The stall on which the rolls of material lie stands near the town hall.
5. They are in front of the stall at the side of which the boy with the bicycle stands.

Exercise 12.   Translate into Dutch:

1. The boy lifts the packing-cases, but the man must help him.
2. The man helps him, for the boy is not strong enough.
3. The man must help him, because the boy is too small.
4. The boy is too small; therefore the man must help him.
5. The man who must help him is the merchant.
6. This case is very large, but it is not very heavy (= zwaar).
7. In summer the beach is beautiful, but in winter it is cold, and one (= men) cannot swim.
8. Peter enjoys himself, for he digs holes with his spade.
9. There is an orchestra on the promenade, for the visitors like music.
10. The people listen because they like music.

Exercise 13.   Tell in your own words, in Dutch, the story of the Baron and his horse in the snow.

Exercise 14.   Tell in your own words, in Dutch, the story of the Baron and the stag.

Lesson fourteen
Veertiende les

BARON VAN MÜNCHHAUSEN HEEFT EEN ANDER AVONTUUR

De baron is nu aan het vechten in een oorlog tegen de Turken. Hij is de aanvoerder van een kleine bende ruiters voor het stadje Ozakow. De vijand doet een uitval, maar de huzaren van de baron zijn zo dapper, dat zij de Turken weerstaan en ze op de vlucht jagen. De baron achtervolgt de vluchtende Turken, en zijn paard is zo vurig en snel, dat hij de voorste vervolger is. Met de laatste vluchtelingen dringt

hij de stadspoort binnen, en hij rijdt door tot het markt-plein. Hier kijkt hij rond, maar hij ziet geen enkele van zijn huzaren. Waar zijn die toch? De baron denkt dat het beter is even op ze te wachten. In het midden van het marktplein staat een heldere fontein. 'Mijn paard heeft zeker wel dorst,' denkt de baron. Hij rijdt dus naar de fontein toe, en het paard begint van het heldere bron-water te drinken.

Maar niets schijnt de dorst van het paard te lessen. Het drinkt

82

en drinkt, al maar door. Achter zich hoort de baron het water neerkletteren op de keien van het marktplein.

Wat is de uitleg? Als de laatste vluchtelingen de poort binnen zijn, laat men de valpoort neer, en die komt met een slag op het paard van de baron, en snijdt het in twee stukken. Het achterlijf van het paard blijft buiten de valpoort liggen, maar het moedige paard loopt door tot de fontein.

Dit is wat de baron ons vertelt ...

En wat hij verder vertelt is een nog groter wonder. Hij leidt zijn paard bij de teugel terug naar de stadspoort. Daar vindt hij het achterlijf van het dier, en hij draagt dit terug naar zijn kamp, waar de paardedokter de twee delen met lauwertakken aan elkaar vastmaakt.

De operatie gelukt, de twijgjes groeien, en, enkele maanden later, is het paard weer gezond en wel, en rijdt de baron onder een dak van steeds groene lauweren.

Exercise 1.   Answer in Dutch:

1. In welk land is de baron nu?
2. In welk land is de baron in het eerste verhaal? En waar in het tweede verhaal?
3. Wat doet de baron in Turkije?
4. Waar zijn de ruiters van de baron?
5. Wat zijn die ruiters?
6. Wat doet de vijand en wat doen de huzaren dan?
7. Hoe is het paard van de baron?
8. Uit welk verhaal kennen wij dit paard?
9. Hoe komt de baron op het marktplein?
10. Waarom zijn de huzaren niet op het marktplein? Wat doet men met de valpoort? Wanneer laat men die neer?
11. Waar gaat het paard drinken?
12. Wat hoort de baron?
13. Hoe komt dat?
14. Wat doet de baron dan?
15. Wat vindt hij buiten die valpoort?

16. Waar gaat hij dan naartoe?
17. Wat doet de paardedokter?
18. Gelukt de operatie?
19. Wat groeit er op de rug van het paard?
20. Gelooft U dit verhaal?

Exercise 2. Translate into Dutch:

1. this war
2. that war
3. those hussars
4. these wells
5. that operation
6. that laurel bush
7. those sallies
8. this pump
9. that piece
10. those pieces

Exercise 3. Translate into Dutch:

1. the famous baron
2. the great war
3. a great war
4. the brave captain
5. the small band
6. the small town
7. the brave hussars
8. a brave hussar
9. the fiery horse
10. a fast horse
11. a clear fountain
12. a healthy horse

Vocabulary:

de oorlog	the war	de kei	the cobble
de aanvoerder	the leader (captain)	de dorst	the thirst
		de uitleg	the explanation
de vervolger	the pursuer	de slag	the blow
de bende	the band	de dokter	the doctor
de ruiter	the horseman	de paardedokter	the horse-doctor
de huzaar	the hussar	de veearts	the veterinary surgeon
de uitval	the sally		
de vlucht	the flight	de lauwertak	the sprig of laurel
de vluchteling	the fugitive; the refugee		
		de lauweren	the laurels
de stadspoort	the town gate	de operatie	the operation
de valpoort	the portcullis	de twijg	the twig
de fontein	the fountain	de voorste	the foremost
de bron	the spring	de laatste	the last
de pomp	the pump	het bronwater	the spring-water

het stuk	the piece	achtervolgen	to pursue
het achterlijf	the hindquarters	(insep.)	
het kamp	the camp	vluchten	to flee, fly
dapper	brave	dringen	to crowd
vurig	fiery	binnendringen	to push (and
snel	fast		shove) in
moedig	courageous,	lessen	to quench
	brave	neerkletteren	to clatter (down)
gezond	healthy	neerlaten	to let down
al maar door	on and on	snijden	to cut
vechten	to fight	vastmaken	to fix
aanvoeren	to lead	op de vlucht jagen	to put to flight
weerstaan (insep.)	to resist		

Lesson fifteen
Vijftiende les

Dictation (for checking only):

De reiger maakt een indruk van grote rust op ons, doch dit is slechts schijn. Want plotseling zien we, hoe de kop omlaag schiet. De snavel verdwijnt in het water en een ogenblik later spartelt een flinke vis in de snavel. Als het een grote vis is, dan doet de vogel een paar stappen naar de kant, waar hij zijn prooi een paar keer tegen de stenen slaat, voor hij hem in het wijde keelgat laat verdwijnen. Nog een paar maal wordt de snavel door het gras gestreken en dan stapt de visser weer naar het wak, om opnieuw zijn geluk te beproeven. Of hij vliegt naar een volgende visplaats. Want het beeld van de reiger, die urenlang op zijn prooi staat te wachten, is wel algemeen verbreid, maar biologisch fout. In werkelijkheid is de reiger een vrij beweeglijke vogel, die van de ene visplaats naar de andere wandelt of vliegt en zich maar weinig rust gunt.

In order to be able to speak Dutch politely, the following points must be carefully studied. They matter a great deal and help to make a favourable impression on Dutch people.

Names descriptive of people:

    de man   = the man
    de heer   = the gentleman, the man
    de vrouw   = the woman
    de dame   = the lady, the woman
    de juffrouw = the unmarried woman, (pronounced 'jœfrɔu).
    het jongmens, de jongelui
      = the young man—the young men
    het jonge meisje, de jonge meisjes
      = the young woman—the young women

86

'De jongeheer' and 'de jongedame' are somewhat old-fashioned now, in the same way as in English the terms 'young gentleman' and 'young lady' are becoming old-fashioned.

We already know: de jongen, het meisje, het kind, de baby.

Ordinary titles of address:

1. *Used alone,* by way of exclamation, or at the end of a sentence:

Meneer! (or the older form)	
Mijnheer (always pronounced 'mə'ner')	= Sir
Mevrouw!	= Madam
Juffrouw! (pronounced jə'frɔu)	= (Miss)

N.B.—The English 'Sir' and 'Madam' are much more formal than the Dutch 'Meneer!' and 'Mevrouw!' Whereas 'Miss' is not correct English, 'Juffrouw' is entirely correct in Dutch.

2. *Used with the name:*

Meneer Jansen!	= Mr. Jansen
Mevrouw Jansen!	= Mrs. Jansen
Juffrouw Jansen! (pronounced: 'jœfrə 'jɑnsə)	= Miss Jansen

Make a careful study of the following conversational expressions:

Dag, meneer!	(dɑɣmə'ner)
('meneer' is often written 'mijnheer')	
Dag, mevrouw!	(dɑɣmə'vrɔu)
Dag, juffrouw!	(dɑɣjə'frɔu)

These exclamations are used both on meeting and on parting. The first one is used in addressing a man; the second one

in addressing a married woman; the third one in addressing
an unmarried woman.

The greetings: Goeden morgen (ɣujə'mɔrɣə), good morning
Goeden middag (ɣujə 'mɪdɑx), good after-
noon
Goeden avond (ɣujə 'navənt), good evening
are decidedly more familiar.

To add the person's name makes the greetings more cordial,
though formal:

Dag, meneer Jansen!
Goeden morgen, meneer Pietersen!

The familiar 'goodbye' can be rendered by 'Tot ziens'.
Note the following:

Hoe gaat het met U? (hu'ɣatetmɛty) = How are you?
Goed, dank U, en met U? (gu'dɑŋky, ɛmɛ'ty) =
Very well, thank, and you?
Or, a little more formal:
Hoe maakt U het?—Goed, dank U, en U?
In giving something, one says:
(1) in formal speech: Alstublieft.
slightly less formal: Astublieft.
(2) in familiar speech: Asjeblieft (ɑʃə'blift), sometimes:
Alsjeblieft.

The answer to this is:
Dank U (formal), Dank U wel (friendly), Dank je (familiar).
In accepting something, one says:

Alstublieft, or: Graag, or: Ja, graag, or: Heel graag,
or: Met genoegen.

In refusing something:
Dank U, or Nee, dank U.

If pressed, and one still wishes to refuse:
Nee, heus niet, or: Nee, werkelijk niet.

To ask for information:

Kunt U me zeggen—	Can you tell me—
hoe laat het is?	the time?
waar hij woont?	where he lives?
of dat waar is?	whether that's true?
waar het station is?	where the station is?

To offer a cup of tea, etc.:

Mag ik U een kopje thee aanbieden? = May I offer you a cup of tea?

or: Wilt U een kopje thee? = Would you like a cup of tea?

or: Hebt U zin in een kopje thee? ... koffie? = Do you feel like a cup of tea? ... coffee?

Wilt U nog een kopje thee? = Would you like another cup of tea?

Exercise 1.   Draw up a complete list of the words connected with trade, commerce and transport that are used in the previous lessons; e.g. de koopman, de lading, kopen, etc., in Lesson Three. Write fifteen sentences, each containing at least one word from your list.

Exercise 2.   Give the full Present Tense of the Dutch verbs corresponding to the following English verbs:

1. to do	6. to be bored
2. to stand	7. to arrive
3. to be	8. to have
4. to eat	9. to dress (oneself)
5. to go	10. to write

Exercise 3.   Which Dutch coins are made of bronze? Which of silver?

Exercise 4.   Complete the following equations. Note again, that when in English one says: five guilders, the Dutch say: vijf gulden, unless they refer to five actual coins, in which case it is: vijf guldens.

G

(a) 12 dubbeltjes + 3 kwartjes + zes stuivers = ... centen = ... gulden ... cent.

(b) 2 gulden 50 = 7 kwartjes + ... dubbeltjes + ... stuivers.

(c) 3 dubbeltjes + 5 cent = ... stuivers.

(d) 3 kwartjes = 6... + 3... + 15...

(e) 3 kwartjes + 4 dubbeltjes + 3 stuivers = ... cent.

(f) 1 gulden 30 = ... dubbeltjes = ... stuivers = ... kwartjes + ... dubbeltjes.

(g) 1 rijksdaalder = ... guldens + ... kwartje + ... dubbeltje + ... centen.

(h) 34 cent = 2 dubbeltjes + ... stuivers + ... centen.

(i) 1 rijksdaalder—1 g. 87 = ...

(j) f 7.35—f 3.48 = ... guldens + ... kwartjes + ... centen.

Lesson sixteen
Zestiende les

Dictation:

Ze komen in een groot kantoorvertrek. In het midden staat een dubbele vier-persoons lessenaar met aan weerszijden twee hoge krukken. In een hoek bij een raam een tafeltje en daarop het oudste soort schrijfmachine, dat hij zich kan herinneren, de toetsen in een boog.

En ook een copiëer-pers! Akelig om aan te zien; in een tijd van stalen meubelen en adresseermachines word je d'r koud van. Tegen een der wanden een zestal glimmende mahoniehouten stoelen met rood pluche zitting en een ronde rug. Dit is de afdeling wachtkamer en men verzoekt hem te gaan zitten.

Er moeten vroeger op dit notariskantoor toch minstens vier klerken zijn geweest, berekent hij; de eindeloze stukken werden drie of viermaal met de penhouder overgeschreven. En toen kwam de schrijfmachine met zijn vier of vijf doorslagen. Weg klerken.

Translate the above passage with the help of the following vocabulary.

Vocabulary:

de notaris	the notary (public)	de doorslag	the carbon copy
de klerk	the clerk	de toets	the key
de lessenaar	the desk	de boog	the arc, curve
de wand	the wall	het kantoor	the office
de kruk	the stool	het vertrek	the room
de zitting	the seat	het mahoniehout	the mahogany
de rug	the back	het stuk	the document
de pluche	the plush	het staal	the steel
de adresseer-machine	the addresso-graph	stalen	(made of) steel
		een zestal	five or six, half a dozen
de schrijfmachine	the typewriter	aan weerszijden	on both sides

weg	away, gone	overgeschreven	copied
minstens	at least	verzoeken	to request
akelig	awful	berekenen	to reckon
eindeloos	endless		

The grammar given in this lesson covers the Lessons Seventeen to Twenty-one (inclusive). It must be fully understood, but the learning of it can be spread over a few lessons.

The Past Tense (*Imperfect*).—Weak verbs are those verbs which form their Past Tense by adding either -te or -de (-ten or -den in the plural) to the root. Remember: weak, because the root cannot stand alone.

Examples:

wandelen = to walk

    ik wandelde
    jij wandelde
    hij wandelde
    wij wandelden
    jullie wandelden
    zij wandelden
    U wandelde

rukken = to wrench

    ik ⎫
    jij ⎬ rukte
    hij ⎭
    wij ⎫
    jullie ⎬ rukten
    zij ⎭
    U rukte

leven = to live

    ik ⎫
    jij ⎬ leefde
    hij ⎭
    wij ⎫
    jullie ⎬ leefden
    zij ⎭
    U leefde

praten = to talk

    ik ⎫
    jij ⎬ praatte
    hij ⎭
    wij ⎫
    jullie ⎬ praatten
    zij ⎭
    U praatte

schudden = to shake

    ik ⎫
    jij ⎬ schudde
    hij ⎭

reizen = to travel

    ik ⎫
    jij ⎬ reisde
    hij ⎭

wij ⎫		wij ⎫
jullie ⎬ schudden		jullie ⎬ reisden
zij ⎭		zij ⎭
U schudde		U reisde

peinzen = to ponder

ik ⎫		I walked
jij ⎬ peinsde		I wrenched
hij ⎭		I lived
wij ⎫		I talked
jullie ⎬ peinsden		I shook
zij ⎭		I travelled
U peinsde		I pondered

(1) The additional syllabe is -te or -de for the singular, -ten or -den for the plural.

(2) For the form of the root: write it as pronounced, or as written in the first person singular of the Present Tense.

   e.g. praten; pronounce root: praat (not prat), same form for the first person sing. Pres.

   leven; pronounce root: leef, etc.
   reizen; pronounce root: reis, etc.

(3) -te(n) is added when the final sound of the root as in the infinitive is voiceless.

   -de(n) is added when the final sound of the root as in the infinitive is voiced.

(3a) There is a simple way of knowing whether to add -te(n) or -de(n): if the root, as written in the infinitive, ends in t-k-f-s-ch-p (*'t kofschip*), -te(n) is added; after all other consonants and all vowels -de(n) is added.

Strong verbs are those which change the root vowel in

their Past Tense; they do not add an extra syllable to the root in the singular, but add -en in the plural.

Examples:

lopen = to walk, run	*rijden* = to ride
ik liep	ik ⎫
jij liep	jij ⎬ reed
hij liep	hij ⎭
wij liepen	wij ⎫
jullie liepen	jullie ⎬ reden
zij liepen	zij ⎭
U liep	U reed

A complete list of strong and irregular Dutch verbs, with Past Tenses and Past Participles, will be found at the beginning of Renier's *Dutch-English and English-Dutch Dictionary*, published by Routledge and Kegan Paul.

Translation of the Dutch Past Tense. As, in the Present Tense, we have translated both 'I travel' and 'I am travelling' by the one form 'ik reis', we shall be able to translate both 'I travelled' and 'I was travelling' by 'ik reisde'. There are the Dutch forms, 'ik ben aan het reizen', and 'ik was aan het reizen', but they stress the continuous aspect of the action even more than the English continuous forms.

Learn the following irregular Past Tenses:

zijn		*hebben*		*worden* = to become	
ik ⎫		ik ⎫		ik ⎫	
jij ⎬ was		jij ⎬ had		jij ⎬ werd	
hij ⎭		hij ⎭		hij ⎭	
wij ⎫		wij ⎫		wij ⎫	
jullie ⎬ waren		jullie ⎬ hadden		jullie ⎬ werden	
zij ⎭		zij ⎭		zij ⎭	
U was		U had		U werd	

Lesson seventeen
Zeventiende les

HET LEVEN VAN DE FLES

Naar een verhaal van Hans Andersen

I. *De Glasfabriek*

Een fles is een ge-
woon, dagelijks voor-
werp. Maar de fles
van ons verhaal had
zijn eigen gevoelens.
Hij was een wijnfles.
Met trots keek hij
naar andere produc-
ten van de glasfa-
briek, zoals jampot-
jes en mosterdflesjes,
en hij was blij dat hij
niet zo was. Want
wijn is toch heel wat
anders dan jam.

De fles dacht aan veel dingen: aan de rumoerige fabriek,
waar alles toch zo rustig en ordelijk gebeurde, aan het zand,
van diep uit de grond, aan de soda en de kalk, die in de ovens
gingen om hem te vormen; aan de vlammen, aan de heen
en weer lopende arbeiders, aan het smelten, het persen;
dacht ook aan de heerlijke reis door de koeloven.

Als een feniks kwam de fles uit het vuur; hoe nieuw waren
nu de oude stoffen van de aarde. Veel flessen braken in de
koeloven, maar onze fles kwam er uit zonder een enkele fout.

Over een lange band ging de fles naar het magazijn van de fabriek; de band liep langs de hoge glasramen, en de fles keek naar het hoge dak en de stalen balken van het gebouw. Op zijn reis zag hij de glasblazerij: hij was blij dat hij geen drinkglas was: zo een glas breekt zo makkelijk. In het magazijn stonden duizenden en duizenden flessen; de werklui van de fabriek deden wat stro om de flessen en pakten ze in kisten, gereed om weg te gaan.

De fles wachtte.

(Wordt Vervolgd)

Notes on the strong verbs used in this lesson:

1. Most verbs with -ij- in the root are strong; in the past tense they change this -ij- sound to -ee- (in the singular) and -e- (in the plural):

kijken = to look (Pres. T.) ik kijk (Past T.) ik keek
glijden = to glide ik glijd ik gleed

Full Past Tense of *rijden* = to ride:

ik reed
jij reed
hij reed
wij reden
jullie reden
zij reden
U reed

2. Irregular strong verbs are:

denken = to think	(Pres. T.) ik denk	(Past T.)	ik dacht
gaan	ik ga		ik ging
staan	ik sta		ik stond

3. Note the following irregular strong verb:

doen (Pres. T.) ik doe   (Past T.) ik deed
jij deed
hij deed
wij deden
jullie deden
zij deden
U deed

The -d- at the end of the root is rarely pronounced in the singular; in the plural the pronunciation can follow the spelling or the second -d- can be pronounced as a -j-.

4. A number of strong verbs that form their Past Tense in -a- have vowel no. 7 of Lesson One (*a*) in the singular, and vowel no. 6 of Lesson One (a) in the plural.

Thus:

komen   (Pres. T.) ik kom   (Past T.) ik kwam
jij kwam
hij kwam
wij kwamen
jullie kwamen
zij kwamen
U kwam

N.B.—Remember that the Present Tense of 'komen' is irregular in a similar way.

breken	ik breek	ik brak, wij braken
spreken	ik spreek	ik sprak, wij spraken
zien	ik zie	ik zag, wij zagen

5. The irregular auxiliary:

kunnen   ik kan, etc.   ik kon
je kon
hij kon
wij konden
jullie konden
zij konden
U kon

Exercise 1. Dictation and pronunciation practice:

1.	kluif	11.	voorouders
2.	green	12.	grenenhout
3.	kirren	13.	vreugde
4.	kruin	14.	klei (klij)
5.	keren	15.	lieren
6.	grein (grijn)	16.	leren
7.	kopstuk	17.	griend
8.	Spanjaard	18.	toekomstig
9.	grijns	19.	druppeltje
10.	kornuiten	20.	zenuwen

Exercise 2. Answer in Dutch:

1. Waar maakt men flessen?
2. Wat maakt men in een glasfabriek?
3. Wat is een wijnfles?
4. Waarom was onze wijnfles zo trots?
5. Wat is een mosterdpotje?
6. Wat is de kleur van mosterd?
7. Wat is een drinkglas?
8. Is het stil in de fabriek?
9. Waarom is het toch rustig in de fabriek?
10. Wat doet men in de ovens?
11. Waarom was de koeloven heerlijk?
12. Wat is een koeloven, en wat gebeurt daar?
13. Hoe ging de fles naar het magazijn?

14. Wat kon de fles boven zich zien?
15. Was de fles alleen in het magazijn?
16. Hoe kwamen de andere flessen in dat magazijn?
17. Hoe heten de mensen die in een fabriek werken?
18. Wat doen de mannen van het magazijn met de flessen?
19. Is een kist van ijzer?
20. Wat voor vogel is een feniks?

Exercise 3. Describe the factory in Dutch.

Vocabulary:

de fles	the bottle	het stro	the straw
de aarde	the earth	het magazijn	the store rooms
de kalk	the lime	het vuur	the fire
de soda	the soda	het product	the product
de arbeider	the labourer	het gevoel	the feeling
de werkman	the workman	(de gevoelens)	(the feelings)
(de werklui)	(the workmen)	het leven	the life
de fabriek	the factory, works	het verhaal	the story
		blij	glad
de glasblazerij	the glass (blowing) works	dagelijks	daily
		heen en weer	to and fro
de balk	the beam, girder	makkelijk	easy (easily)
de band	the conveyor belt	ordelijk	orderly
		rumoerig	noisy
de vlam	the flame	rustig	quiet, peaceful
de oven	the oven	heerlijk	lovely
de koeloven	the cooling chamber	persen	to press
		pakken	to pack
de mosterd	the mustard	smelten	to melt, smelt
de wijn	the wine	vormen	to form, shape
de feniks	the phoenix		
de fout	the fault, flaw, mistake		

Lesson eighteen
Achttiende les

(Vervolg)

II. *De Wijnhandel*

Op een dag kwam een werkman opeens het magazijn binnen; hij zette de kist, waar onze wijnfles in zat, samen met andere kisten op een wagen. Waar ging dat naar toe?

Er was geen deksel op de kist, en de fles kon zien waar de wagen heenging. Na een lange rit door de drukke straten stopten paard en wagen voor een wijnhandel in een drukke winkelstraat. De voerman lichtte de kist op en zette die op de stoep voor de winkel.

In de kelder, waar de wijn was, was het donker, maar o! zo romantisch. Bij het licht van enkele kleine gasvlammetjes zag onze fles grote rekken met volle flessen staan, en langs één van de witgekalkte muren stond een rij vaten. Er hing een zware geur van wijn, en overal waren kleine bordjes met vreemde buitenlandse namen, en met getallen en datums. Dat was het echte leven. De geur alleen maakte onze fles al een beetje dronken. Eerst kreeg hij een bad: hij werd met lauw water gespoeld en in een droogrek gelegd. Toen kwam de wijnkoopman binnen; hij keek naar een vat dat

gereed stond, nam de
lege flessen en begon ze
te vullen aan de kraan,
die onder aan het vat
zat. Na een poosje
kwam onze fles aan de
beurt. Toen al de
flessen vol waren, haal-
de hij de kurken en
hamerde ze op hun
plaats. Toen nam hij
een staafje zegellak en
verzegelde alle flessen;
met zijn grote gouden
zegelring stempelde hij

er de letters van zijn naam op. Daarna nam hij een mooi
etiket, plakte dat op de fles, legde hem in een rek naast
andere flessen, en ging weer naar boven.

O, wat duurde het lang, voor de wijn oud en goed genoeg
was. Eerst was de fles kwaad toen het stof uit de lucht op
hem neerviel; maar later hoorde hij van zijn buren dat dit
een eer was: net als een jongensbaard die begint te groeien.

Toen werd de fles ongeduldig. Hij wachtte.

(Wordt Vervolgd)

Notes on the strong verbs used in this lesson:

1. *krijgen*; cf. Note 1 of Lesson Seventeen.

2. *nemen*; (Past T.) ik nam, wij namen; cf. Note 4 of
Lesson Seventeen.

3. Regular strong verbs:

hangen	(Pres. T.) ik hang	(Past T.)	ik hing
beginnen	ik begin		ik begon
vinden	ik vind		ik vond

Exercise 1.   Dictation and pronunciation practice:

1.	treurig	11.	maaiveld
2.	voorlopig	12.	bruisen
3.	luik	13.	leidekker
4.	gretig	14.	kostelijk
5.	strak	15.	leiendak
6.	leizeel (= lijzeel)	16.	mogelijk
7.	koukleum	17.	leuk
8.	vergroeien	18.	brullen
9.	gelukkig	19.	korstig
10.	brokstuk	20.	lijfspreuk

Exercise 2.   Indicate which rule of those given in Lesson Sixteen accounts for the form of the Past Tense of each of the weak verbs that occur in the story of this lesson.

Exercise 3.   Answer in Dutch:

1. Ging de fles dadelijk uit het magazijn?
2. Was de fles nog op de band?
3. Waar was de fles dan?
4. Hoe was de kist waar de fles in was?
5. Ging de kist in een auto?
6. Hoe en waar gingen paard en wagen?
7. Hoeveel kisten waren er op de wagen?
8. Waar stopte de wagen?
9. Waar was de wijnhandel?
10. Waar is de stoep van een huis of winkel?
11. Waar zijn kelders?
12. Wat was er in de kelder onder de wijnhandel?
13. Waarom vond de fles het prettig in die kelder?
14. Wat voor licht was er in die kelder?
15. Wat kon men er ruiken?
16. Wat kon men er zien?
17. Wat stond er op de bordjes?

18. Waar stonden de vaten?
19. Wat was de kleur van de muren?
20. Wanneer is men dronken? (Use the expression: te veel)
21. Is het prettig (of mooi?) dronken te zijn?
22. Hoe maakte men de flessen schoon?
23. Wat deed men met de kurken?
24. Wat is een droogrek?
25. Waarom doet men de flessen in een droogrek?
26. Hoe verzegelde de koopman de flessen?
27. Wat deed hij met het etiket?
28. Wat stond er op het etiket?
29. Was er ook stof in de kelder, en vond de fles dat prettig?
30. Waarom was de fles ongeduldig?

Exercise 4. Read Lesson Seventeen twice to yourself, then shut the book, and write down in Dutch as much as you can remember of it.

Degrees of Comparison of Adjectives and Adverbs:

big (positive)—bigger (comparative)—biggest (superlative)
Generale rule: For the comparative add *-er* to the positive; for the superlative add *-st:* e.g. jong—jonger—jongst.

N.B. 1.—As the pronunciation of the root remains unchanged, spelling rules for open and closed syllables have to be applied.

N.B. 2.—If the positive ends in -r, add *-der* for the comparative; if it ends in -s, add *-t* for the superlative: e.g. duur, duurder, duurst; fris, frisser, frist.

N.B. 3.—Adjectives ending in a long vowel followed by f or s change f to v and s to z in the comparative: lief (dear, sweet), liever; boos (cross), bozer; wijs (wise), wijzer. But: los (loose), losser; muf (musty), muffer. Exception: grof (coarse), grover.

N.B. 4.—Irregular: goed, beter, best; kwaad (bad), erger, ergst; veel, meer, meest; weinig, minder, minst; graag, liever, liefst.

Vocabulary.

de kraan	the tap	het etiket	the label
de kurk	the cork	het bordje	the notice
de rij	the row	het getal	the figure
de datum	the date		(number)
de zegellak	the sealing wax	het staafje	the stick
de zegelring	the signet ring		(= small bar)
de eer	the honour	buitenlands	foreign
de beurt	the turn	romantisch	romantic
(aan de —	(to have one's	kwaad	angry
komen)	turn)	dronken	drunk
de baard	the beard	ongeduldig	impatient
de geur	the odour	lauw	tepid
de stoep	the strip of pave-	witgekalkt	whitewashed
	ment in front	een poosje	a little while
	of the house	net als	just like
de winkel	the shop	zwaar	heavy
de buurman	the neighbour	hameren	to hammer
	(man)	duren	to last
de buurvrouw	the neighbour	plakken	to stick
	(woman)	stoppen	to stop
de buren, de	the neighbours	spoelen	to rinse
buurlui		stempelen	to press seal on
de voerman	the carter		wax
de wagen	the cart	vullen	to fill
de rit	the ride	verzegelen	to seal, stamp
het deksel	the lid	zetten	to put
het rek	the rack	krijgen	to receive, get
het vat	the barrel		

N.B. 1.—The word *heen* indicates direction toward: Hij gaat naar de winkel heen = He goes to(ward) the shop.

N.B. 2.—-isch is pronounced -ies.

Lesson nineteen
Negentiende les

(Vervolg)

III. *De Picknick*

De grote dag kwam. De wijnkoopman nam de fles mee naar boven, en verkocht hem aan een kleine jongen, die het geld op de toonbank legde. Er ging een stukje papier om, en heel voorzichtig droeg de jongen de fles naar huis.

De jongen had namelijk een oudere zuster, een knap meisje met bruine ogen; zij had altijd een glimlach, maar een bizondere glimlach voor een jonge zeeman, die op de zeevaartschool was. De vorige week, toen hij tweede stuurman werd, vroeg hij het meisje om met hem te trouwen, en op de dag, toen de fles uit de kelder kwam, vierden ze de verloving.

Er was een picknick. Het meisje pakte van alles in een grote mand: ham, kaas, worst, de beste boter, en lekker vers brood en koekjes. De fles ging ook in de mand, en natuurlijk ook bordjes en glazen, en messen en vorken, en zelfs servetjes, want het meisje wou een goede indruk maken.

Niet zo heel ver van waar zij woonden was een bos; daar gingen zij heen, met een open rijtuig: vader, moeder, de twee jongelui en een paar jonge vrienden. Ze kozen een mooie open plek, en gingen daar op het gras zitten. De vader nam de fles, brak het zegel, trok de kurk uit de fles met de kurketrekker die aan zijn zakmes zat, en schonk de glazen vol. Dit was een groot ogenblik in het leven van de fles: allen hielden een glas omhoog, terwijl de vader het jonge paar gelukwenste met hun verloving. Wat een gelukkige gezichten! Het was mooi de wijn in de glazen te zien, fonkelend in het zonlicht dat door de bladeren viel.

'Wel, jouw werk is klaar,' zei de tweede stuurman tegen de lege fles, en hij wierp hem over zijn schouder. Diep treurig, opeens, vloog de fles door de lucht, en kwam, wonder boven wonder, terecht in een heel klein beekje dat door het bos stroomde.

Zachtjes dobberde de fles op de kabbelende golfjes—en wachtte.

(Wordt vervolgd)

Notes on the strong verbs used in this lesson:

1. *kiezen* = to choose. (Pres. T.) ik kies, wij kiezen. (Past T.) ik koos, wij kozen.

The rules applying to spelling and pronunciation of singular and plural forms of the Present Tense also apply to the Past Tense.

2. (Infin.) *vliegen* (Pres. T.) ik vlieg (Past T.) ik vloog
   dragen   ik draag   ik droeg
   vragen   ik vraag   ik vroeg
   werpen   ik werp   ik wierp

vallen	ik val	ik viel
trekken	ik trek	ik trok
schenken	ik schenk	ik schonk

3. (Infin.) *zitten* (Pres. T.) ik zit (Past T.) ik zat, we zaten; cf. with Lesson Seventeen, Note 4, and Lesson Eighteen, Note 2.

4. Irregular strong verbs:

verkopen (Pres. T.) ik verkoop (Past T.) ik verkocht
houden   ik houd   ik hield

Note also the following irregular verbs:

willen (Pres. T.) ik wil, (Past T.) ik wilde, ik wou; the plural forms of the Past Tense are usually 'wilden', but often 'wouden' (pronounced wɔuə).

zeggen (Pres. T.) ik zeg, (Past T.) ik zei, we zeiden (plural pronounced zɛijə).

Exercise 1. Dictation and pronunciation practice:

1.	vrijblijvend	11.	kosthuis
2.	voordelig	12.	deernis
3.	bruikbaar	13.	afschrik
4.	gastvrij	14.	toezwaaien
5.	borstplaat	15.	murmelen
6.	grauw (= grouw)	16.	verguld
7.	splijten	17.	muilband
8.	kouwelijk	18.	zeepsop
9.	keurig	19.	scheikunde
10.	broeikas	20.	toernooi

Exercise 2. Indicate which rule of those given in Lesson Sixteen accounts for the form of the Past Tense of each of the weak verbs that occur in the story of this lesson.

Exercise 3.   Answer in Dutch:

1. Waarom was het 'een grote dag'?
2. Ging de vader van het meisje zelf naar de wijnhandel?
3. Wie was de kleine jongen?
4. Glimlachte het jongetje?
5. Wat was de verloofde van het meisje?
6. Hoelang was hij dat al?
7. Was hij een oud man?
8. Hoe zag het meisje er uit?
9. Wie nam de fles uit de kelder?
10. Wie deed de fles in de mand?
11. Welke mand was dat?
12. Waar drinkt men wijn uit?
13. Wat ging er dus ook in de mand?
14. Wat was er nog verder in de mand?
15. Wat is een picknick?
16. Pakte het meisje de mand goed in?
17. Hoe gingen ze allemaal naar de picknick?
18. Wie ging er zo al mee?
19. Waar hadden ze de picknick?
20. Zaten ze op stoelen?
21. Wie schonk de wijn in?
22. Hoe opende de vader de fles?
23. Wat deed men toen de vader de jongelui gelukwenste?
24. Was het mooi weer? (Hoe weet U dat?)
25. Wat gebeurde er toen met de fles?
26. Waar viel de fles?
27. Brak hij?
28. Beschrijf het beekje.
29. Was de fles nog vol?
30. Hoe gingen de mensen weer naar huis?

Exercise 4.   Give a complete description in Dutch of the
picture at the head of this lesson, using words and
expressions such as: links, rechts, van achter, in
het midden, vooraan, achteraan.

Exercise 5. Read Lesson Eighteen twice to yourself, then write down in Dutch as much as you can remember of the story.

Exercise 6. Write a little conversation, complete with greetings, of a visit to a wine-shop, to buy a bottle of wine costing three guilders. You know the shopkeeper, so you need not be too formal. Pay special attention to Lessons Eleven and Fifteen.

Vocabulary:

de mand	the basket	het oog	the eye
de boter	the butter	het gezicht	the face
de ham	the ham	het rijtuig	the carriage
de worst	the sausage	bizonder	special
de kurketrekker	the corkscrew	(= bijzonder)	
de plek	the spot	knap	good-looking
de glimlach	the smile	leeg	empty
de zuster	the sister	namelijk	namely
de zeeman	the sailor	omhoog	up
de stuurman	the mate (ship's officer)	voorzichtig	careful
		vers	fresh
de verloving	the engagement	vorig	previous
de indruk	the impression	(de) vorige week	last week
de week	the week	dobberen	to roll, toss (on waves)
de zeevaartschool	the school of navigation	fonkelen	to sparkle
het koekje	the biscuit	gelukwensen	to congratulate
het servet	the (table-)napkin	kiezen	to choose
		kabbelen	to ripple
het papier	the paper	vieren	to celebrate
het zakmes	the penknife	stromen	to run, flow
het beekje	the brook	trouwen (met)	to marry
het blad	the leaf	terechtkomen	to land
(de bladeren)	(the leaves)	werpen	to throw
het geld	the money		

N.B. 1.—zo al: adverbial expression of modality with no literal meaning

N.B. 2.—schenken = to pour

   inschenken = to pour out (tea)

   uitschenken = to pour out (wine, beer)

Lesson twenty
Twintigste les

(Vervolg)

IV. *De Zeereis*

Een heel eind weg zaten twee kleine jongens aan de oever van de smalle beek. Ze waren aan het vissen. Toen ze de fles zagen, visten ze die uit het water en namen hem mee naar huis.

Hun moeder had juist een fles nodig, want de oudste broer van de jongens ging naar zee en hij moest een fles medicijn mee hebben: brandewijn met kruiden, tegen de buikpijn. Het toeval wilde natuurlijk dat deze jonge zeeman op hetzelfde schip ging als onze tweede stuurman.

De volgende zaterdag vertrok het schip. U moet niet vergeten, dat dit vele jaren geleden was: het schip was natuurlijk een groot zeilschip, en o! wat was het mooi als het met volle zeilen door het water sneed. Alles zat goed in de verf, en het koperwerk schitterde en blonk, dat het de ogen pijn deed.

Iedereen nam afscheid, er was een lach en een traan, en zachtjes verdween het schip aan de horizon. De reis begon voorspoedig. De wind kwam uit de goede hoek, en na enkele maanden was het schip duizenden mijlen van huis weg.

En de fles? Wel, die kon niet veel zien, want hij stond in het donkere logies. De brandewijn met kruiden was zo lekker, dat die gauw op was, buikpijn of geen buikpijn; en omdat een fles altijd nuttig is, gooide niemand hem weg.

Maar op een dag stak er een vreselijke storm op, fel en onverwacht; het was een ware orkaan. De zeilen scheurden, de masten braken, het roer sloeg los, en de roeiboten braken in kleine stukjes. Grote golven sloegen over het dek, en de ruimen raakten zachtjes vol water. Het einde was nabij.

Heel treurig zag de tweede stuurman toevallig de lege fles, schreef een kort briefje aan zijn verloofde, een afscheidsgroet, en gooide de fles overboord. Weinige ogenblikken later kapseisde het schip en zonk met man en muis.

Weer dobberde de fles op het water, maar nu op de schuimende golven. Heen en weer dreef hij, met weer en wind, met stroom en getij. Vurig hoopte de fles dat iemand hem zou vinden.

Hij wachtte.

(Slot volgt)

———

Notes on the strong verbs used in this lesson:

1. *snijden*
   verdwijnen } cf. Lesson Seventeen, Note 1, and
   schrijven } Lesson Eighteen, Note 1.
   drijven

2. *opsteken* (Pres. T.) ik steek op (Past T.) ik stak op
   cf. Lesson Seventeen, Note 4.

3. *vertrekken* (Pres. T.) ik vertrek (Past T.) ik vertrok
   blinken   ik blink   ik blonk
   zinken   ik zink   ik zonk

4. Irregular strong verb:
   slaan (Pres. T.) ik sla (Past T.) ik sloeg

5. Irregular auxiliary verb:
   moeten (Pres. T.) ik moet (Past T.) ik moest
   Note that the -s- only occurs in the Past Tense.

Exercise 1. Dictation and pronunciation exercise:

1.	belofte	11.	aaien
2.	lawaai	12.	hoorbuis
3.	zeegier	13.	zijdeur
4.	ouwelijk	14.	toestond
5.	stoppelig	15.	knoeien
6.	gordijn	16.	toestand
7.	stakker	17.	azuur
8.	zeewier	18.	geeuwen
9.	gareel	19.	kuchen
10.	kieuwdeksel	20.	hooibroei

Exercise 2. Indicate which rule of those given in Lesson Sixteen accounts for the form of the Past Tense of each of the weak verbs that occur in the story of this lesson.

Exercise 3. Answer in Dutch:

1. Wie was er aan het vissen?
2. Waar waren ze aan het vissen?
3. Waar was die beek?

4. Hoe kwam die fles in het water?
5. Was het een volle fles?
6. Een van de jongens had een broer; wat was hij?
7. Wat had zijn moeder nodig, en waarom?
8. Op welke dag van de week vertrok het schip?
9. Wat voor schip was het?
10. Hoe zag het schip er uit?
11. Wie poetst het koper?
12. Wat is het logies?
13. Hoe was het afscheid? Waarom lachte men, en waarom huilde men? (Use the word 'gevaarlijk'.)
14. Wat gebeurde er met de fles aan boord? Wanneer vond de stuurman de fles en wat deed hij ermee?
15. Wat gebeurde er toen met de fles?

Exercise 4. Beschrijf de reis van het schip van het vertrek tot de schipbreuk.

Vocabulary:

maandag	Monday	de brandewijn	the brandy
dinsdag	Tuesday	de pijn	the pain
woensdag	Wednesday	de buikpijn	the stomach-ache
donderdag	Thursday	de medicijn	the medicine
vrijdag	Friday	het toeval	chance
zaterdag	Saturday	het afscheid	the parting
zondag	Sunday	het dek	the deck
de groet	the greeting; farewell	het zeil	the sail
		het roer	the rudder
de lach	the laugh(ter)	het koperwerk	the brasswork
de brief	the letter	het logies	the foc's'le
de traan	the tear(drop)	het getij	the tide
de verloofde	the fiancé(e)	(de getijden)	(the tides)
de mast	the mast	het schuim	the foam
de roeiboot	the rowing boat	het kruid	the herb
de horizon	the horizon	dezelfde	the same
de oever	the bank	hetzelfde	the same
de stroom	the current	fel	violent
de hoek	the corner	los	loose
de mijl	the mile	smal	narrow
de orkaan	the hurricane	geleden	past

nabij	near	schitteren	to sparkle, shine
toevallig	by chance	poetsen	to polish
onverwacht	unexpected	scheuren	to tear
overboord	overboard	schrijven	to write
voorspoedig	prosperous	afscheid nemen	to take leave
waar	true, real	lachen	to laugh
nuttig	useful	vissen	to fish
kapseizen	to capsize	verdwijnen	to disappear
opsteken	to rise (of storm)	drijven	to float
nodig hebben	to need	goed in de verf zitten	to be well painted
raken	to get (= become)	met man en muis vergaan	to go down with all hands
weggooien	to throw away		
blinken	to gleam, shine		

Translate *zou* (at end of Reading Matter, p. 111) by *would*.

Lesson twenty-one

Eenentwintigste les

(Slot)

V. *De Vogelkooi*

En jawel, op een dag wierp de zee hem op een vreemde kust. Het was een mooi, zacht strand, en de fles brak niet. Weldra kwam er een man voorbij; hij vond de fles, zag dat er een briefje in was en nam hem mee naar huis. Hij opende de fles, maar, helaas, hij kende de taal van de brief niet. Hij liet de brief aan veel mensen zien, maar het hielp niet.

Toen had de fles een treurig leven. Jarenlang stond hij op de schoorsteenmantel van het kantoor van de vinder; toen gooide men het briefje weg. Jarenlang stond hij weer in een rommelkast, daarna in een kelder. En het duurde twintig jaar voor de fles weer uit dat huis kwam, twintig lange jaren.

Nu gebeurde er opeens heel wat met de fles. Tenslotte kwam hij op het kantoor van een graankoopman. Deze vulde de fles met koren, en zond hem, als monster zonder waarde, naar een vreemd land, en toen de fles in dat 'vreemde'

115

land aankwam, was het zijn eigen land, en hoorde hij zijn eigen taal weer spreken.

Weer gebeurde er heel wat, en de jaren gingen voorbij. Onze fles was sterk, en hij kon wel tegen een stootje. Op een dag, toen er een groot openluchtfeest was, haalde men hem weer van de zolder waar hij stond, stak er een kaars in, en zette hem naast andere flessen in een lange rij. Er kwamen veel mensen voorbij, ook een oude juffrouw, en ze keek naar hem. Zij herkenden elkaar niet, dat gaat zo in het leven; zij was het meisje van de picknick en hij de wijnfles. Maar ze was nog steeds ongetrouwd, en leefde nog altijd met haar ge- dachten in het verleden.

Toen kwam er een tuinman; die maakte hem schoon. Net als vroeger ging er weer wijn in, maar nu gaf de Directie van het feest hem aan de piloot van een luchtballon. Hij ging mee de lucht in; de piloot en de passagiers dronken elk een groot glas, en met een hoeraatje wierpen ze de fles uit het schuitje. Hij viel neer op het dak van een huisje in een arme buurt. De scherven rolden over de straatstenen. Maar de hals van de fles brak mooi rond af, en onze oude juffrouw, die daar woonde, raapte hem op, en zette hem, ondersteboven, met een kurk erin, in haar vogelkooi, als drinkbakje voor haar kanarie.

En ze wist niet, dat het de hals van *die* fles was.

EINDE

Notes on the strong verbs used in this lesson:

1. Regular strong verbs:

(Infin.) *laten* (Pres. T.) ik laat (Past T.) ik liet
helpen ik help ik hielp
vallen ik val ik viel
vinden ik vind ik vond
drinken ik drink ik dronk
zenden ik zend ik zond

2. *steken*
geven cf. Lesson Seventeen, Note 4. ik stak, ik gaf,
lezen ik las.

3. Irregular strong verbs:

(Infin.) *weten* (Pres. T.) ik weet (Past T.) ik wist
verstaan ik versta ik ver-
stond

Special Vocabulary. (cf. Exercise 4):

de pen	the pen	de kalender	the calendar
de inkt	the ink	de barometer	the barometer
de inktpot	the inkwell	de thermometer	the thermometer
de lessenaar	the desk	de hoed	the hat
de prullenmand	the waste-paper basket	de hoge hoed	the top hat
		de jas	the coat
de copiëerpers	the copying press	de paraplu	the umbrella
de kat	the cat	de schrijfmachine	the typewriter
de haard	the hearth	de dictafoon	the dictaphone
de schoorsteen- mantel	the mantelpiece	de telefoon	the telephone
		de rekenmachine	the calculating machine
de kolen	the coal		
de kolenbak	the coal-scuttle	het potlood	the pencil
de pook	the poker	het tapijt	the carpet
de tang	the tongs	het klokje	the clock

Exercise 1. Dictation and pronunciation practice:

1. verhaaltrant
2. onderwijzer
3. bescherming
4. gulhartig
5. stelselmatig
6. arbeidsbeurs

7.	kregelig	14.	uitbijten
8.	humeur	15.	berusten
9.	verhevenheid	16.	regelmatig
10.	ontoereikend	17.	onafhankelijk
11.	zieltogen	18.	toeschouwer
12.	beminnelijk	19.	toestemmen
13.	vrijzinnig	20.	nieuwbakken

Exercise 2. Indicate which rule of those given in Lesson Sixteen accounts for the form of the Past Tense of each of the weak verbs that occur in the story of this lesson.

Exercise 3. Answer in Dutch:

1. Wat gebeurde er met de fles na de schipbreuk?
2. Op welke kust wierp de zee de fles?
3. Bleef de fles daar lang liggen?
4. Las de man het briefje?
5. Wat deed hij toen?
6. Hielp dat—en waarom niet?
7. Hoe lang bleef de fles op dat kantoor?
8. Wat gebeurde er toen?
9. Waar zette de vinder de fles eerst?
10. Bleef de fles daar de hele tijd?
11. Wat deed de graankoopman ermee?
12. In welk land kwam 'het monster'?
13. Hoe wist de fles waar hij was?
14. Wat gebeurde er op het feest, en wie zag de fles daar?
15. Was de volgende reis van de fles weer een zeereis?
16. Ging er weer medicijn in de fles?
17. Wat deed de piloot met de fles?
18. Was dat niet gevaarlijk?
19. Wat zijn scherven?
20. Waar viel de fles, en waar rolden de scherven?
21. Wie raapte de hals van de fles op?
22. Waarvoor werd die gebruikt?

23. Wat voor vogel was er in de kooi?
24. Herkende de vrouw de fles?
25. Was de vrouw getrouwd?

Exercise 4.   Describe the picture of the old-fashioned office
given at the head of this lesson. Indicate why the
office is old-fashioned, bringing in the names of
objects belonging to modern offices. Make full use
of the dictation and the Special Vocabulary given
at the beginning of Lesson Sixteen.

Exercise 5.   The whole story given in Lessons Seventeen to
Twenty-one is old-fashioned. Write something
about this, showing the contrast between the old
and the modern ships, the horse and cart and the
lorry, the balloon and the aeroplane. Introduce
the following words:

de kracht	the force, power
bewegen	to move
de wind	the wind
de kolen	the coal
de olie	the oil
de benzine	petrol
het stoomschip	the steamship
het motorschip	the motor-vessel
de lorrie	the van, lorry
het vliegtuig	the aeroplane

Vocabulary:

de directie	the managers	de kaars	the candle
de luchtballon	the balloon	de kooi	the cage
de piloot	the pilot	de kanarie	the canary
de stoot	the knock	de kelder	the cellar
de scherf	the (glass) splin-	de zolder	the loft
	ter	de gedachte	the thought
de hals	the neck	de taal	the language

de tuinman	the gardener	elkaar	each other
de vinder	the finder	helaas	alas
de rommel	the junk, rubbish	hoera	hurrah
		jawel	yes, certainly
de rommelkast	the boxroom, lumber-room	ondersteboven	upside down
		heel wat	a good deal
de steen	the stone	ongetrouwd	unmarried
het monster	the sample	duren	to last
het graan	the grain (wheat)	op den duur	in the long run
het koren	the corn (wheat)	oprapen	to pick up
het schuitje	the basket (of balloon)	schoonmaken	to clean
		verstaan	to understand
het drinkbakje	the drinking-bowl	lezen	to read
		het kan wel tegen een stootje	it can stand a great deal of rough wear
het verleden	the past		
weldra	soon		
eigen	own		

Lesson twenty-two
Twee-en-twintigste les

Dictation (for checking only):

Hoe zou het anders dan dat een zoon uit zulk een geslacht van jongs af aan leeft voor schepen en water? Hij heeft allicht, om een hoek van de vaderlijke deur, een vierkant Oost-Indisch kapitein met snorren en bakkebaarden in de zware damp der lange gouwenaars zien zitten en horen praten en op een mooie zondagmorgen zijn schip gezien aan de ka, of een groen en roze papegaai, die uit de West meekwam toverde hem thuis de wijde wereld voor en hij zag, op een kijkje in Buiksloot, dwars door de ribben van een slooppartij, de blauwe en groene Hollandse verten, en het water, en wat er op voer. En er woei hem iets in zijn oren van de heftige debatten over stoom- en zeilvermogen en verderfelijke nieuwlichterij. Men kan er zijn zaligheid onder verwedden, dat hij op zijn veertiende jaar evenveel van een jolletje met een zeil wist, als het huidige geslacht op die leeftijd van een radio-toestel, en dat is veel.

The Present Perfect (or *Past Indefinite*):

The Present Perfect is formed by taking the Past Participle of the main verb, preceded by a form of the Present Tense of *zijn* or *hebben*.

In English the formation of the Present Perfect is similar but the only auxiliary used is *to have*.

To use the Perfect Tense we must know how to form the Past Participle (N.B.—In English the Past Participle of *to walk* is *walked*, of *to see* is *seen*) of both weak and strong verbs.

1. *Past Participles of weak verbs:*

(1) Take the root of the verb (same rules apply as for the Past Tense; cf. Lesson Sixteen).

(2) Prefix ge-. If the verb has a separable prefix, put -ge- between prefix and root. If the verb has an inseparable prefix, leave ge- out altogether.

(3) Suffix either -d or -t (same rules apply as for addition of -de or -te in Past Tense; cf. Lesson Sixteen). If root ends in -d, no second d is added; if root ends in -t, no second t is added, so that there is no syllable ending in a double consonant.

N.B.—Not all Past Participles are regular.

Infinitive	Past Tense	Past Participle	
wandelen	wandelde	gewandeld	to walk
rukken	rukte	gerukt	to wrench
leven	leefde	geleefd	to live
praten	praatte	gepraat	to talk
aanrukken (sep.)	rukte aan	aangerukt	to march up
overleven (insep.)	overleefde	overleefd	to survive

II. Past Participles of strong verbs:

(1) The root vowel may or may not be changed; it must be learned in the same way as that of the Past Tense.

(2) Prefix ge-. Same rules as for weak verbs.

(3) Suffix -en, as in the Infinitive.

Infinitive	Past Tense	Past Participle	
lopen	ik liep	gelopen	to walk
rijden	ik reed	gereden	to ride
opkijken	ik keek op	opgekeken	to look up
bekijken	ik bekeek	bekeken	to look at

The next lesson will show the correct use of the auxiliaries to the Present Perfect. This tense is therefore not yet to be used in this lesson.

Exercise 1.   Translate into Dutch:

1. The glasses are on the table in the dining room.
2. Two days later we moved.
3. The sailors went to the ships.
4. Both his journeys were very pleasant. (Translate: His both journeys . . .)
5. The children had (*kregen*) eggs for (*aan*) breakfast.
6. The carpenters make roofs for the new houses.
7. The waves beat on the coast.   (Translate both into Present Tense and into Past Tense.)
8. There are no merchants on board these ships.
9. There are two blacksmiths in that small village.
10. The merchants put (Past Tense) their bales and boxes under the glass roofs.

Exercise 2.   Translate into Dutch:

1. There was a letter in the bottle that stood on the mantelpiece.
2. The letter was in a foreign language and the finder could not read it.
3. After a few years they threw it away.
4. The sailor wrote the letter with a pencil.
5. The bottle which he threw overboard was the bottle in which the corn chandler had put (= gedaan had) the sample.
6. The man who found the bottle on the beach, walked to his office, took the cork out of the bottle and tried to read the letter.
7. He gave it to his friends, but they could *not* read it *either* (ook niet).
8. He put (*steken*) it in his pocket and went home.
9. The seagulls flew over the waves and looked at the object which floated towards the shore.
10. The letter which the sailor wrote did not help, for the people did not understand what was (= stood) in it.

Exercise 3. Give the Past Tense (all persons) of the
following verbs:

1. aankomen   4. wegvliegen
2. verkopen   5. vertrekken
3. opschrijven

Lesson twenty-three
Drie-en-twintigste les

Dictation (for checking only):

Er zijn vier hellingen. Zij zijn van gewapend beton en zeer goed onderheid, want de werfterreinen zijn geheel gelegen op grond, die op het Y gewonnen is. Het spreekt bijna vanzelf, dat gewapend beton op deze slappe bodem de aangewezen grondstof was, die nog tegelijk het grote voordeel meebracht van bevordering der nauwkeurigheid bij het bouwen; immers voor het nauwkeurig aanhouden van de reeds meer genoemde werken is het een eerste voorwaarde dat een hechte grondslag de onveranderlijkheid tijdens de opbouw waarborgt, wat het best door betonnen hellingen te bereiken is.

The Present Perfect (continued):

Use of auxiliaries:

(1) Take *hebben:* verbs indicating an action or a state (except the verbs *blijven* and *zijn*), as e.g.: drinken (to drink), werken (to work), vechten (to fight).

Hij heeft gewerkt, gedronken, gevochten, gewoond.

(2) Take *zijn*: verbs indicating a change from one state to another (a change of place or condition), as e.g.: sterven (to die), vallen (to fall), aankomen (to arrive), verhuizen (to move house); also *blijven* and *zijn* itself.

Hij is gestorven, gevallen, aangekomen, verhuisd.

(3) The Intransitive Verbs of Motion (verbs of coming and going), such as lopen, rijden, varen, sporen, take either *hebben* or *zijn*.

125

(*a*) take *hebben:* when used to indicate the type of motion.

> Hij heeft dat hele eind gelopen, niet gereden.
> (He has walked the whole distance, he did not ride.)
> Hij heeft niet gevaren, maar gefietst.
> (He did not go by boat, but by bicycle.)

(*b*) take *zijn:* when the destination is given.

> Hij is van hier naar Arnhem gelopen.
> (He walked from here to Arnhem.)
> Hij is naar Vlissingen gezeild.
> (He sailed right down to Flushing.)

Exercise 1.   Translate into Dutch:

1. The wooden chairs stood on the stone pavement in front of the iron gate.
2. The roofs consisted of steel girders and glass.
3. The new-laid (= fresh) eggs were in earthenware dishes on the long table.
4. The iron mantelpiece was old-fashioned but not very fine.
5. Large wooden beams floated between the ships in the harbour.
6. The little boy wore a paper hat.
7. The cotton materials were not very expensive.
8. She had to polish a number of brass objects that stood round the hearth.
9. There were two glass fruit-dishes and one stone jug.
10. The steel pens were much better.

Exercise 2.   Translate into Dutch:

It was market day in the small town. The peasants were going to town to do business, and the women all went to the market square. The best shops were in or near the market square, and the square itself was full of stalls. The people walked between the stalls and looked left and right at the piles of goods on the counters.

Our train arrived at half-past eleven and we went straight from the train to the market. The people in their curious old-fashioned clothes were standing round the stalls. They were buying all sorts of things and filled the large baskets which they carried.

The market square was very pretty. Behind and above the people one could see* the fronts of the houses, the coloured windows and the red roofs. High above them stood the tower, dark against white clouds in a blue sky.

The sun shone on the white roofs of the stalls, and the smell of groceries and new linen was in the air.

In one large café one could hear* music and many of the visitors went there (=erheen). Everything there was arranged in a pleasant way. There were small tables and chairs in front of the café and people were sitting in the open air with cups of coffee.

We had our meal there. Then we once more walked round the market, looked at the old town hall, at the shops, at one or two streets near the market, and went back to the station.

(* The Infinitive goes to the end of the clause.)

Exercise 3.   Give the full Past Tense of the following verbs:

1. zich wassen (weak vb.)
2. zich snijden
3. zich aankleden (weak vb.)
4. zich vervelen (weak vb.)
5. zich helpen

Lesson twenty-four
Vier-en-twintigste les

The Future Tense and the Conditional:

Note that English uses both *shall* and *will* in forming the Future Tense. Dutch only uses *zullen*. The verb *willen* studied in Lesson Twelve never has Future Tense meaning.

zullen:		
	ik zal	I shall
	je zult (zal)	you will
	hij zal	he will
	wij zullen	we shall
	jullie zullen (zult, zal)	you will
	zij zullen	they will
	U zult, U zal	you will

There is no change in this auxiliary verb when used in the interrogative form, except the usual loss of -t in the second person singular:

> zal ik? zul je? zal hij?
> zullen wij? zullen jullie? zullen zij?

Note that the Infinitive of the main verb accompanying *zullen* goes to the end of the sentence. This is the same principle as the one that sends the Past Participle to the end of the sentence in the Present Perfect Tense construction.

> *Ik zal* vanavond naar het station *gaan.*
> (I shall go to the station to-night.)
> *Het zal* vanavond wel laat *worden.*
> (I think we shall be late tonight.)

The Past Tense of *zullen* is:

ik zou	wij zouden	I should *or* would,
je zou	jullie zouden	you would,
hij zou	zij zouden	he would, etc.
U zou (old-fashioned: zoudt)		

(The -d- in the plural is usually pronounced -w-.)

This Past Tense is used to form the Conditional, in the same way as the Present Tense is used to form the Future.

The Conditional expresses an uncertain or hypothetical future (depending on a condition usually introduced by: If . . .)

> ik zou . . . gaan = I would go . . .
>
> wat zou er . . . gebeuren = what would happen . . .

There are a number of examples of this form in the Nature Passage in Lesson Twenty-five.

Translate the following sentences into English and study the new words with the help of the vocabulary at the end of this book:

1. Kunt U me de weg naar het station wijzen, meneer?
2. Heb je genoeg geld om nog een paar sigaren voor me te kopen?
3. Mag ik je wat tabak voor je pijp aanbieden?
4. Moest je niet naar die tabakswinkel gaan om nog wat sigaretten te kopen?
5. Heb je geen lucifers meer? Neem er een paar van mij en stop die in dat lege doosje.
6. Rol je je eigen sigaretten?
7. Ik stop liever nog een pijp.
8. Laten we nog even een sigaretje opsteken.
9. Pas op! Gooi dat asbakje niet om, anders valt al die as op het tapijt.
10. Mag ik U een sigaar aanbieden, of rookt U liever Uw pijp?

Useful Travel Vocabulary:

Trains:

de spoorweg	the railway
de trein	the train
de locomotief	the engine
het rijtuig	the carriage
het coupé	the compart- ment
het portier	the carriage door
het raampje	the window
het bagagenet	the luggage rack
het spoor	the track, the platform
het perron	the platform
de wachtkamer	the waiting room
het buffet	the buffet
het loket	the booking office

Trams:

de tram	the tram
de electrische tram	the electric tram
de stoomtram	the steam tram, or local train run as a tram
de motorwagen	the motor-driven tram
de aanhangwagen	the trailer

Ships:

de loopplank	the gangway
het dek	the deck
de brug	the bridge
de hut	the cabin
de bagagekamer	the luggage store

People:

de conducteur	the conductor
de controleur	the ticket inspec- tor
de kruier, de witkiel	the porter
de stationschef	the stationmaster
de douanier, de ambtenaar van de douane	the customs officer

Various:

de douane	the customs office
het reisbureau	the travel agency
eerste klasse (klas)	first class
tweede klasse (klas)	second class
derde klasse (klas)	third class
het paspoort	the passport
het visum	the visa
het kaartje	the ticket
de reisbiljetten	the tickets
het retourbiljet (het retourtje)	the return ticket
de reiziger	the traveller
de passagier	the passenger
het koffertje	the bag, attaché case
uitstappen	to get out
instappen	to get in
overstappen	to change
kaartjes knippen	to clip tickets
paspoorten afstempelen	to stamp passports
bagage controleren	to search luggage
declareren	to declare

Translate into Dutch:

My brother Peter went to my cousin John at Zwolle. We live in London (= Londen), so that the best journey is via

Rotterdam. Peter and I went to a travel agency and bought Peter's ticket, a 17 days' (= daags) return to Zwolle. We also went to a bank and bought some Dutch money. In the early evening we went to Victoria Station. The train left the platform at half-past six. Peter was lucky, he found a corner seat, and there was room in the luggage rack for his bags. After an hour's (= uur) travel, Peter arrived at Gravesend; he went on board, found his cabin and put his luggage on his bunk. Peter had sandwiches with him; he did not want to eat in the hot dining room. He asked a sailor for a deck-chair, and looked at the English coast, and at the lights as the ship went into the night. The crossing was fine; the moon shone on the waves and the ship hardly rocked. Peter slept very well; he ate a hearty breakfast and was ready when the boat arrived near the flat Dutch coast. At half-past eight the passengers passed through the customs. Peter had nothing to declare. He went quickly to Rotterdam and there changed for Utrecht. At (in) Utrecht he changed for Zwolle and arrived there soon after half-past twelve.

Write a free composition about a journey by boat.

Lesson twenty-five
Vijf-en-twintigste les

A vocabulary of nature words will be found at the end of this lesson. In translating the following passage, terms not given in the vocabulary at the end of the book will be found given at the end of this lesson.

ER VERDWIJNT VEEL SCHOONS

(Naar een artikel uit *De Nieuwe Rotterdamsche Courant*
februari 193?)

Midden in het dorp, omgeven door een park met bruine beuken, rijzende populieren en naaldbomen, met breed-gekruinde eiken en platanen, staat een hoog, wit landhuis, monumentaal.

Soms, als de zon er op schijnt, lijkt het een vorstelijke woning, statig en in deftige rust; soms als de clematis om de serres bloeit of als de witte muren wegschemeren in schadu-wen van de avond, lijkt het een sprookjeshuis, een droom en een idylle.

Een brede laan van beuken leidt naar het huis. Er omheen slingeren zich geheimzinnige paden naar een vijver, die in donkere glans ligt bij de altijd groene rododendrons, naar verborgen rotstuinen met resten van exotische planten, naar bloembedden en terrassen, vanwaar het uitzicht reikt door lanen heen tot een blauwe lichtende horizon.

Het huis is niet bewoond, de blinden zijn dicht-gesloten ogen. Het staat er alles zwijgend en dromend in zijn verlaten-heid. Alleen de vogels, de dikke bosduiven en de gaaien, brengen er beweging en leven. Om het park heen lopen de wegen van het dorp. De mensen, die er gaan, worden ook stil, omdat altijd aan hun zijde het geheimzinnige park en ver-laten huis is.

Vroeger, toen het huis bewoond werd, was dit anders. Auto's reden er af en aan. In het park was er een vrolijk leven, de bewoners ontvingen bezoekers en logés, de kinderen speelden er met opgetuigde bokkenwagens, tuinlieden verzorgden de tuinen, borders bloeiden er rijk, oranjerieën vertoonden palmen en exotische bloemen. En de ingezetenen van het dorp voeren wel bij deze rijke bewoning.

Dit is al lang voorbij. Roerloos in hun pracht staan de naaldbomen, wilde duiven bevolken de nog kale boomkruinen en leggen door hun dof gefladder de nadruk op de verlatenheid. Het mos der paden is als groen fluweel. Als restanten uit de goede, rijke tijd komen hier en daar nog krokussen en sneeuwklokjes te voorschijn, bloeien er de toverhazelaar, en de uiteengewaaide winterjasmijn.

Het huis droomt ongestoord verder, zwijgend in de bleke schemer van zijn witte muren. Zijn verlatenheid rust als een drukkend geheim op het dorp.

Nu is ook dit voorbij. Een glanzend-gelakte auto reed de laan in, heren stapten er uit en wandelden deftig over de geluidloze, met mos begroeide paden van het park. De mensen uit het dorp schoolden tezamen bij het hek.

Wat zou er gebeuren met het grote, witte huis? Zou het weer bewoond worden? Zouden het rijke vreemdelingen zijn, die deze sprookjeswereld konden kopen, met villa en terrassen, met vijver en prieeltjes, met varens en cipressen en met het uitzicht naar het zuiden?

Zouden de blinden van het huis opengeworpen worden en de paden geharkt en zou er weer rijk en vrolijk leven komen met auto's en paarden en honden?

Men hoopte het. Want de geheimzinnigheid en de stilte zouden wijken uit het midden van het dorp. De slager en de kruidenier, de bakker en de melkboer, de barbier en de brievenbesteller, zij zouden allen weer door de statige laan mogen gaan en het landhuis opnieuw verbinden met het dorp.

Er zou geld komen in het laatje. In het laatje van de slager en de kruidenier en de bakker. En in het laatje van de gemeente.

Men sprak dagen lang in het dorp over het bezoek. 'Het is verkocht,' werd gefluisterd.

'Aan een schatrijke heer,' wist een ander.

'Voor méér dan honderd duizend gulden,' verzekerde eentje, die‚ het weten kon. Het hele dorp verheugde zich, het riep het elkander toe op de weg.

'Zou het wel zeker zijn?' vroeg . een twijfelaar. Zeker? Zeker? Ja, wie wist het eigenlijk zeker! "t Heeft in de krant gestaan,' zei de bovenmeester. 'Ja, in de krant,' gromde de twijfelaar wantrouwend.

Ja, het is verkocht. Mannen planten rood-witte paaltjes kris-kras door het park, en lopen dwars door lanen en paden. Op de terrassen en in de bloembedden, overal, slaan ze die palen als onheilspellende bakens. De schoonste beuken worden gemerkt voor de bijl, menie-rode kruisen op de naaldbomen en popels zijn als aangeplakte doodvonnissen; op het witte droomhuis is een plakkaat aangeslagen: 'Voor afbraak te koop.' En tussen de eerste krokussen, waarvan de meeste reeds vertrapt zijn, staat brutaal een kleurig bord met een plan in zwarte lijnen en de woorden 'Bouwterreinen te koop'.

Er zal weer een goede tijd komen voor kruidenier en bakker, voor slager en melkboer. Het dorp leeft op en verheugt zich. Maar uit zijn midden zal iets schoons voor altijd verdwijnen, iets dat met het wezen van het dorp was samengegroeid: het sprookje, de droom, de idylle. Een schoonheid, die méér is dan geld.

Special Vocabulary:

Lists of Nature Vocabulary:

het dier	any living creature

Birds (de vogel, vogels):

de vogel	the bird
de vleugel	the wing
de bek	the beak
de kip	the chicken
de haan	the cock
de hen	the hen
het kuiken	the chick
de mus	the sparrow
de lijster	the thrush
de duif	the pigeon
de bosduif	the wood pigeon
de zwaluw	the swallow
de mees	the tit
de koolmees	the great tit
de kievit	the peewit
de patrijs	the partridge
de fazant	the pheasant
de pauw	the peacock
de zwaan	the swan
de eend	the duck
de gans	the goose
de kalkoen	the turkey
de roodborst	the robin
de leeuwerik	the lark
de vink	the finch
de ooievaar	the stork
de spreeuw	the starling
de kanarie	the canary
de struisvogel	the ostrich
de nachtegaal	the nightingale
de havik	the hawk
de adelaar	the eagle
de arend,	
de ekster	the magpie
de kraai	the crow
de merel	the blackbird
de gaai	the jay

Animals (het dier, dieren):

het paard	the horse
het veulen	the colt
de ezel	the ass, donkey
de koe	the cow
het kalf	the calf
de os	the ox
het schaap	the sheep
de leeuw	the lion
de tijger	the tiger
de hond	the dog
de kat	the cat
de olifant	the elephant
de muis	the mouse
de wolf	the wolf
het varken	the pig
het hert	the stag
het konijn	the rabbit
de haas	the hare
de kameel	the camel
de dromedaris	the dromedary
de rat	the rat
de vos	the fox
de aap	the ape, monkey
de orang oetang	the orang-utan
de chimpansee	the chimpanzee
de baviaan	the baboon
de beer	the bear
de vleermuis	the bat
de walvis	the whale
de zeehond	the seal

Fish (de vis):

de haring	the herring
de tong	the sole
de schol	the plaice
de tarbot	the turbot
de heilbot	the halibut
de kabeljouw	the cod
de paling, de aal	the eel
de rog	the skate
de snoek	the pike
de forel	the trout
de karper	the carp

de haai	the shark

Trees (de boom, bomen):

de eik	the oak
de beuk	the beech
de iep, de olm	the elm
de den	the fir
de spar	the pine
de naaldbomen	the conifers
de wilg	the willow
de treurwilg	the weeping willow
de knotwilg	the pollard
de populier, de popel	the poplar
de es	the ash
de berk	the birch
de linde	the limetree
de plataan	the plane tree
de hagedoorn	the hawthorn
de kastanje	the chestnut
de palm (boom)	the palm (tree)
de stam	the stem
de schors, de bast	the bark
de tak	the branch, bough
de twijg	the twig
de kruin	the crown

Insects (het insect, insecten):

de vlieg	the fly
de mug	the gnat
de muskiet	the mosquito
de bij	the bee
de wesp	the wasp
de vlinder	the butterfly
de rups	the caterpillar
de spin	the spider
de krekel	the cricket
de sprinkhaan	the grasshopper
de vlo	the flea
de luis	the louse
de mier	the ant
de hooiwagen	the daddy-long-legs
de bladluis	the greenfly

Flowers and Plants (de bloem, bloemen; de plant, planten):

het madeliefje	the daisy
de paardebloem	the dandelion
de boterbloem	the buttercup
de grote margriet	the marguerite
de roos	the rose
de lelie	the lily
het viooltje	the violet, pansy
de anjelier	the pink, carnation
de narcis	the narcissus
het sneeuwklokje	the snowdrop
de tulp	the tulip
de hyacint	the hyacinth
de krokus	the crocus
de bloembol	the bulb
de geranium	the geranium
de fuchsia	the fuchsia
de hortensia	the hydrangea
de clematis	the clematis
de rododendron	the rhododendron
het vergeet-menietje	the forget-me-not
de sering	the lilac
de goudsbloem	the marigold
de zonnebloem	the sunflower
de hulst	the holly
het mos	the moss
het gras	the grass
het riet	the reed, rush
de varen	the fern
de papaver, klaproos	the poppy
de korenbloem	the cornflower
het koren	the corn, wheat
het graan	the grain, corn
de tarwe	the wheat
de rogge	the rye
de maïs	the maize
de boekweit	the buckwheat
de gerst	the barley
de erwt (ɛrt)	the pea
de boon	the bean
de haver	the oats

Various.

de mossel	the mussel
de oester	the oyster
de kreukel	the winkle
de krab	the crab
de kreeft	the lobster
de worm	the worm
de slang	the snake
de schildpad	the tortoise
de kikvors, de kikker	the frog
de pad	the toad
de berg	the mountain
de heuvel	the hill
het pad (de paden)	the path
de hei, de heide	the heath
de wei, de weide	the meadow
de boerderij, de boerenhoeve, de hofstee	the farm
de heg, de haag	the hedge
de weg	the way, road
de laan	the avenue
het hek	the gate
de vijver	the pond

K

Lesson twenty-six
Zes-en-twintigste les

The following article, given for translation, reading, discussion and vocabulary study has been taken from the Dutch newspaper *De Nieuwe Rotterdamsche Courant* of 31.10.38. The spelling has been modernized.

LISTIGE INBRAAK IN EEN AMSTERDAMS WISSELKANTOOR
EEN GESTOLEN BRANDKAST VERVANGEN DOOR EEN GROEN GEVERFDE THEEKIST

Een aanzienlijk aantal gangbare en antieke munten buitgemaakt

In de nacht van zaterdag op zondag is in het kantoorgebouw van de Noord-Hollandse bank een wisselkantoor aan het Damrak te Amsterdam ingebroken. De buit bestaat uit een aanzienlijke hoeveelheid gouden en zilveren munten en antieke geldstukken.

De ontdekking

Zondagochtend tegen half tien ging de directeur van het wisselkantoor de heer Rechter, in gezelschap van vrouw en kinderen naar het station. Hij wilde voor een familiebezoek per trein naar Rotterdam gaan. Voor hij naar het station ging, wilde hij nog een kort bezoek aan zijn zaak brengen. Vrouw en kinderen wachtten buiten. Een ogenblik later kwam de heer Rechter opgewonden buiten.

Inbrekers hadden zijn kantoor bezocht, de brandkast was opengebroken, de inhoud, een groot bedrag aan gangbare zilveren en gouden binnen- en buitenlandse geldstukken en bovendien een kostbare verzameling antieke gouden en zilveren munten ter waarde van plus minus f 12.000 bleken verdwenen te zijn.

Onmiddellijk spoedde de heer Rechter zich naar het bureau Warmoesstraat waaronder het Damrak ressorteert. En even later was het gehele politie-apparaat in werking.

De inspecteur, C. J. de Vries Humol, en rechercheur A. van Broekhoven stelden het eerste onderzoek in. Later is ook de waarnemende commissaris van de sectie, commissaris M. O. F. van der Heul, ter plaatse geweest.

Hoe het gebeurde

Het wisselkantoor heeft voor, aan de Damrakzijde, twee etalages, gescheiden door een deur, waardoor het publiek toegang heeft tot de hal, waar zich de loketten bevinden. Overdag worden in de etalages vreemde bankbiljetten, munten, enz. uitgestald, en op borden worden de wisselkoersen aangegeven. Het pand heeft echter nog een voordeur, n.l. naast de linker-etalage. Deze deur geeft toegang tot een lange gang, die in de gehele lengte langs de kantoorlokalen loopt. Aan het einde van die gang is ook een trapje van enkele treden naar de kelders onder het gebouw. De kelders waren afgesloten door een deur met een heel eenvoudig hangslot, dat zelfs zonder inbrekers-werktuigen wel kon worden geforceerd. De dieven nu—men neemt aan, dat de inbraak niet het werk van één man kan zijn geweest—zijn de tweede deur aan de straat binnengelopen. Deze deur is hoogstwaarschijnlijk niet op slot geweest. De kelderdeur was in een wip geforceerd. De kelders strekken zich onder het gehele gebouw uit, de hoogte bedraagt niet meer dan 1,60 meter, zodat een volwassen man er niet rechtop in kan staan.

In de kelder begon voor de inbrekers het eigenlijke 'werk'. Zij hebben uit de kelderzolder, die de vloer van de kantoorlokalen vormt, een keurig vierkant stuk gezaagd. Zo kwamen zij in het kantoorlokaal dat vlak achter de loketten is gelegen. Zij hadden het gat vlak voor de kachel gezaagd, zodat de asla naar beneden in de kelder terecht kwam. Dit was voor de nachtelijke bezoekers echter geen bezwaar. Zonder veel moeite waren zij in het kantoor van de ·Noord-Hollandse

Bank gekomen. Het moeilijkste werk moest nog komen. In dit voorste kantoorlokaal staat n.l. de brandkast met de door de inbrekers begeerde buit. Boven die brandkast brandt echter 's nachts een z.g.n. banklicht en van de straat is door de glazen toegangsdeur heen deze brandkast te zien. De controlerende nachtwaker werpt dus zo nu en dan een blik naar binnen om na te gaan of alles nog in orde is.

Theekist als safe

Daarmede hadden de inbrekers die blijkbaar van de situatie de nodige studie hadden gemaakt, rekening gehouden. Zij hadden een theekist meegenomen, die ongeveer dezelfde afmetingen heeft als de brandkast; die kist was 80 c.M. hoog en ongeveer 10 c.M. lager dan de kleine, maar stevige safe. In de kelder hadden de nachtelijke bezoekers de kist keurig groen geverfd en om het effect nog te verhogen en de kist bedriegelijk veel op de brandkast te doen gelijken, hadden zij met behulp van ijzerdraadjes en zilverpapier een verzilverde knop aan de kist gemaakt.

De kleine brandkast werd naar het vertrek achter het kantoor gesleept en op de plaats waar enkele minuten tevoren de brandkast nog troonde werd de groene theekist neergezet. Om de hoogte gelijk te maken zetten de fantasierijke inbrekers het nieuwe meubel op een paar boeken. Boven op de pseudobrandkast werd voorzichtig de schrijfmachine gezet, die ook op de echte brandkast had gestaan. Het geheel was zo bedrieglijk nagemaakt, dat zelfs de politie, toen zij zondagochtend in het kantoor kwam, niet direct het bedrog bemerkte. Toen de inbrekers zover met hun camouflage waren gevorderd en de echte brandkast naar de achterkamer was vervoerd, schoven zij de gordijnen tussen voor- en achterkamer dicht en ook de gordijnen voor de achterramen, die uitzicht geven op een rommelig binnenplaatsje, werden dichtgeschoven.

Zij bouwden een tent

Op de brandkast zetten de inbrekers vervolgens een leuningstoel en over het hele geval legden zij het vloerkleed. Na op deze wijze een tent te hebben gebouwd konden zij het eigenlijke zware inbrekerswerk beginnen. Met een carbidtoestel, een zuurstofcilinder en een snijbrander hebben zij de kast geopend en al zal het geen gemakkelijk werk zijn geweest, het lukte. Zij hebben geen bankpapier gevonden, daar dit des avonds altijd door de eigenaar wordt meegenomen naar een veiliger plaats. Wel troffen zij een belangrijk bedrag aan antieke gouden en zilveren munten aan, benevens een vrij hoog bedrag aan gangbaar goud- en zilvergeld uit alle landen. Hoe groot dit laatste bedrag is, kon de eigenaar zondagmorgen nog niet opgeven, dit zal pas mogelijk zijn na nauwkeurige berekeningen. Van de antieke munten had hij een lijst.

Het carbidtoestel, dat naast het zuurstofapparaat nodig is voor de snijbrander, werd op de derde verdieping van het gebouw aangetroffen in het atelier, dat een kleermaker in gebruik heeft. De inbrekers hebben hier ook een bezoek gebracht, doch voor zover bekend, wordt daar niets vermist. Het carbidtoestel is een stevig, groengeverfd tonnetje van eigen maaksel van 30 à 40 c.M. hoog, met twee koperen kranen. De inbrekers hebben hun zuurstofapparaat weer meegenomen.

De theekist is blijkbaar in de kelder groen geverfd, want zondagmorgen was de verf nog nat. Schilders zijn bezig het perceel van buiten te verven en in de kelder en in de gang stonden enige potten verf, maar groene verf was er niet bij, zodat de nachtelijke bezoekers deze waarschijnlijk zelf hadden meegebracht.

Het is niet de eerste keer, dat in het perceel is ingebroken. Begin september hebben leden van het hoofdstedelijke inbrekersgilde een nachtelijk bezoek gebracht aan de 2de etage waar een cargadoorskantoor is gevestigd. Er is toen echter niets gestolen, daar geen waarden in het kantoor waren achtergelaten, zodat de inbrekers zich moesten bepalen tot het openbreken en doorzoeken van lessenaars.

De inbraak in de Noord-Hollandse Bank lijkt veel op een inbraak, die korte tijd geleden in een fotohandel aan de Jozef Israëlskade is gepleegd.

De Noord-Hollandse Bank is tegen inbraak verzekerd.

n.l. = *n*ame*l*ijk.   z.g.n. = *z*oge*n*aamd(e).

PHONETIC APPENDIX

This appendix is intended mainly for the use of those teachers and students conversant with phonetic theory. To them it is meant to be a help; it is not intended to teach phonetics to those who know none.

Phonetic rendering of the key-words 1 to 12 in Lesson One:

1.	pit	7.	pɑt
2.	pɪt	8.	pɔt
3.	pet (pe^i t)	9.	pœt
4.	pɛt	10.	pot (po^u t)
5.	pɛɪt	11.	put
6.	pat	12.	pyt

N.B.—Numbers 3 and 10 tend to become diphthongized when in open syllables.

Phonetic rendering of the key-words 13 to 21 in Lesson Two.

13.	tø^y n	16.	tɔun	19.	hui
14.	tœ^y n	17.	haːi	20.	ey
15.	dør	18.	hoːi	21.	iy

Transcript of the reading matter of Lesson One:

dəˈtafəl statɪnətˈmɪdə vandəˈʔetkamər.　ərstamˈvirstulə ʔɔmdəˈtafəl. ərstatənˈstul aˈnɛlkəkant fandəˈtafəl. əˈtafəlakə ʔɪsˈhɛldərwɪt. ərɪˈzetənɔpˈtafəl. ətɔndˈbɛɪt ɪsxəˈret. ərstatəmˈbɔrt foˈrɛlkəstul, ɛˈmɛzɛɱvɔrk lɪʁəˈnastɛlgbɔrt. ətˈmɛzlɪxtrɛxts, ʔɛndəˈvɔrk lɪxtˈlɪŋksfanədbɔrt. ərɪzokənˈlepəl vorˈpit. ˈpitɪznɔʁjɔŋ; hɛɪetəmbɔrtjəˈpap ɛndrɪŋktənʁlazˈmɛlk. ədˈbrot lɪxtɔbdəˈbrotplaŋk ɛnərɪzəˈnantal snetjəzˈbrot ɪndəˈbrotsxal. dəˈkas,　dəʔɔndˈbɛɪtwɔrst,　dəˈʒɛm　ɛndəʔɔndˈbɛɪtkuk zɛɪnɔʁɔpədbyˈfɛt. ɪkhorˈvadər ʔɔbdəˈtrɑp; ˈɪgbɛnɔʁnitˈklar. mudərˈwaxt nɔx. wɛɪkoməˈnaləmal bəˈnedə.

Diagram illustrating the tongue positions of Dutch vowels:

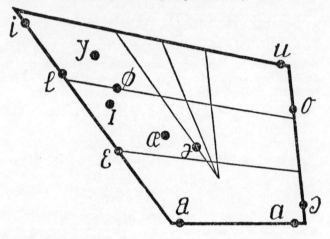

Diagram illustrating the nature of the Dutch diphthongs:

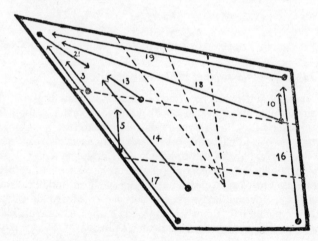

Note that for purposes of transcription the symbol (œ) is used to indicate:

(1) the vowel in 'jullie' (jœli),
(2) the first part of the diphthong in 'huis' (hœys).

Compare the place of (œ) in the first diagram and that of the starting point of arrow 14 in the second diagram.

Transcription of the pronunciation exercise of Lesson Nine:

1.	'jolǝx	11.	'ʔɛɪzǝx
2.	'wɛɪzǝyǝ	12.	vǝr'deltheɪt
3.	'dadǝlǝk	13.	yǝ'lœk
4.	yǝ'nipǝx	14.	'wɛɪzǝyɪŋ
5.	yǝ'lɛɪk	15.	'vresǝlǝk
6.	vǝr'slɑx	16.	yǝ'ret
7.	'dœydǝlǝk	17.	'ryzi
8.	'ʔolǝk	18.	'hɛɪŋwe
9.	'blɛɪhɛɪt	19.	bǝ'rɛɪt
10.	'ʔɛɪsǝlǝk	20.	plɛɪ'doi

Transcription of a passage from Lesson Twenty Six, p. 139:

'Het wisselkantoor heeft voor, aan de Damrakzijde, twee etalages,' . . .

ǝt'wɪsǝlkantor heft'for, ande'damrɑksɛɪdǝ, 'twe eta'laʒǝs, yǝ'sxɛɪdǝ dorǝn'dør, wardorǝtpy'blik 'tuyaŋheftǝtǝ'hɑl, warzɪydǝlo'kǝtǝ bǝvɪndǝ. ʔovǝr'day wɔrdǝnɪndeta'laʒes 'fremdǝ 'baŋbiljɛtǝ, 'mœntǝ ɛnzovort 'ʔœytxǝstalt, ɛnɔ'bɔrdǝ wɔrdǝdǝ'wɪsǝlkursǝ 'ʔanyǝyevǝ. ʔǝt'pant heftɛxtǝr'nɔyǝŋ'vordør, namǝlǝk'nastǝ'lɪŋkǝreta'laʒe. dezǝdør yef'tuyaŋ tɔtǝn'laŋǝ 'yaŋ, dijɪndǝyǝ'helǝ'lɛŋtǝ laŋzdǝkan'torlokalǝ lopt. anǝ'tɛɪndǝ vandiyaŋ ɪzokǝn'trapjǝ vanɛŋkǝlǝ'tredǝ nardǝ'kɛldǝrs ɔndǝrǝtxǝ'bou. dǝ'kɛldǝrzwarǝ 'ʔafxǝslotǝ dorǝn'dør mɛtǝn'helemvɔudǝy 'haŋslɔt, datsɛlf'sɔndǝr ʔɪmbrekǝrzwɛrktœyyǝ wɛlkɔmwɔrdǝ yǝfɔr'sert. dǝ'divǝny—mɛnem'tan, datǝ'ʔɪmbrak'nitǝtwɛrk ʃa'ne'maŋ-

kɑnzɛɪŋ ɣəwest—zɛɪndətwedədør andəstrat ˈbɪnəɣəlopə.
dezəˈdør ɪzˈhoxstwarsxɛɪnlək nitɔpˈslɔtxəwest. dəˈkɛldərdør
wɑzɪnəmˈwɪp xəfɔrsert. dəˈkɛldər strɛktəziɣɔndərətxəˈhelə
ɣəbɔuˈʔœyt, dəˈhoxtə bədraxtˈnitmerdɑn ˈʔemetərˈsɛstəx,
zodɑtəmʋɔlˈwasəˈmɑn ərˈnit rɛxˈtɔpɪŋkɑnstɑn.

GENERAL DESCRIPTION OF
DUTCH SOUNDS

(on the basis of the key-words given in Lessons One and Two)

This Description may be found useful by those who are unfamiliar with phonetic theory.

A. *The Vowels:*

1. *piet:* a pure vowel (like the *i* in French *midi*); it is shorter than the English *ee*.

2. *pit:* between English *i* of *pit* and English *e* of *men*.

3. *peet:* a pure vowel (like the French *é* of *été*); it is like a much lengthened English *i* of *pit*. In open syllables especially it tends to become a diphthong, ending in sound no. 1.

4. *pet:* between English *e* of *then* and English *a* of *hat*.

5. *pijt:* begins like the *e* of English *get* and passes on to the *i* of English *sit*.

6. *paat:* the *a* of English *are* made to sound more like the *a* of English *hat*.

7. *pat:* between English *a* of *are* (but short) and English *o* of *hot*.

8. *pot:* like the English *ar* of *war*, but short.

9. *put:* like the English *er* of *her*, but short.

10. *poot:* a pure vowel, like the first part of the English *o* in *go*; it does not pass on to the *oo* which comes at the end of English *o*. In open syllables it tends to become a diphthong, ending in sound no. 11.

11. *poet:* a pure vowel, like Scotch *oo* in *look*.

12. *puut:* (like French *u* in t*u*.) To practise it, say: -*ee*-, keep tongue quite still (check this with a pencil), and put the lips forward.

13. *teun.* (passes from the vowel of French *deux* to that of French *tu*); it is somewhat like passing from the *e* of English *the* to sound 12. The pronunciation in which the vowel does not change but merely has the first element lengthened is not to be recommended.

14. *tuin:* (passes from the vowel of French *leur* to that of French *tu*); it is somewhat like passing from the vowel of English *but* to the vowel described under no. 12.

15. *deur:* the first element of sound no. 13.

16. *toun, taun:* passes from the *o* of English *hot* to the *oo* of English *book*.

17. *haai:* passes from sound no. 6 to sound no. 1.

18. *hooi:* passes from sound no. 10 to sound no. 1.

19. *hoei:* passes from sound no. 11 to sound no. 1.

20. *eeuw:* passes from sound no. 3 to sound no. 12.

21. *ieuw:* passes from sound no. 1 to sound no. 12.

B. *The Consonants:*

w at the beginning of a syllable is produced by placing the lower lip against the upper teeth and then removing it without blowing; it lacks the -*oo*- element of the English w;

at the end of a syllable is produced with both lips and is a semi-consonant, as *u* in French *lui: eeuw, nieuw;* also in *Uwe;*

after *t* and *k* becomes a weak *f*;

is not pronounced in *Uw* and *erwt* (pea).

followed by *r* at the beginning of a word is pronounced *v*: *wringen*.

t and *d* differ from the corresponding English sounds in that the tip of the tongue is pressed against the upper teeth.

n—the same applies as for *t* and *d*.

r—there are three varieties in Dutch:

(1) rolled with the tip of the tongue;
(2) rolled with the uvula;
(3) scraped with the uvula;

of these, the second is generally used.

ch and *g* (ch corresponds to the German ach-Laut); to learn these put the mouth in position to say a long *k* (the sort of *k* which is followed by *oo*. as in *coo*, but hold on to the *k*); slowly release the *k* and the resulting scraping sound is the *ch*. The *g* is slightly voiced except at the end of words.

VOCABULARY

ENGLISH—DUTCH

A

able, to be	kunnen
above	boven
above all	vooral
acquainted, to be	kennen
admittance, the	de toegang
adventure, the	het avontuur
aeroplane, the	het vliegtuig
after	na
afternoon, the	de middag
afternoon, in the	's middags
after that	daarna
again	weer
aim, to	aanleggen, mikken
air, the	de lucht
alarum-clock, the	de wekker
alas	helaas
all (of us, you, them)	allemaal
all sorts of	allerlei
all this	dit alles
allowed, to be	mogen
along	langs
almost	bijna
already	al
also	ook
always	altijd
amuse oneself, to	zich amuseren
and	en
angry	kwaad
animal, the	het dier
answer, to	antwoorden
antlers, the	het gewei
any	enig
apple, the	de appel
April	april
arranged	ingericht

arrive, to	aankomen
article, the	het artikel
as soon as	zodra
as well as	zowel
ash, the	de as
ashtray, the	het asbakje
ask, to	vragen
at night	's nachts
at once	opeens
at the bottom	benedenaan, onderaan
at the side of	naast
at the top	bovenaan
attach, to	vastmaken
August	augustus
aunt, the	de tante
autumn, the	de herfst
awake	wakker
away	weg
awful	akelig

B

back, the	de achterkant
back	terug
back, at the	van achter
back of, at the	achter
background	de achtergrond
back one, the	de achterste
bad	slecht
bakery, the	de bakkerij
balcony, the	het balkon
bale, the	de baal
ball, the	de bal
banana, the	de banaan
band, the	de bende; de band; het orkestje
bank(of river), the	de oever

barometer, the	de barometer	bookstall, the	het boekenstal-
baron, the	de baron		letje
barrel, the	het vat	bored, to be	zich vervelen
barrel (of a gun), the	de loop	both	beide(n)
		both ... and ...	zowel ... als ...
barrow, the	het karretje	bottle, the	de fles
basket, the	de mand; het schuitje	bottom, at the	onderaan, benedenaan
bath(e), the	het bad	box, the (small)	de doos
bath(e), to	baden	box of matches, the	het doosje lucifers
bathing suit, the	het badpak, het zwempak	boxroom, the	de rommelkast
bathroom, the	de badkamer	boy, the	de jongen
beach, the (sandy)	het strand	branch, the	de tak
beam, the	de balk	brandy, the	de brandewijn
beard, the	de baard	brasswork, the	het koperwerk
bear, to (carry)	dragen	brave	dapper
beat, to	slaan	bread, the	het brood
because	omdat	bread-board, the	de broodplank
become, to	worden	bread-dish, the	de broodschaal
bed, the	het bed	break, to	breken
bedroom, the	de slaapkamer	breakfast, the	het ontbijt
before	voor	bridge, the	de brug
begin, to	beginnen	bridle, the	de teugel
behind	achter	bright	helder
believe, to	geloven	broad	breed
belong to, to	behoren aan	brook, the	de beek
beside	naast	brother, the	de broer
best	best	brown	bruin
between	tussen	bucket, the	de emmer
bicycle, the	de fiets	building, the	het gebouw
big	groot	bullet, the	de kogel,
bind, to	binden	bunk, the	de kooi
bird, the	de vogel	bush, the	de struik
biscuit, the	het koekje	business, to do	zaken doen
black	zwart	busy	druk
blanket, the	de deken	but	maar
blow, the	de slag	butter, the	de boter
blow (of wind), to	waaien	button, the	de knoop
blue	blauw	buy, to	kopen
boar, the (wild)	het (wilde) zwijn		
board, on	aan boord		**C**
boat, the	de boot	cabin, the	de kajuit
book, the	het boek	café, the	het café
booking-office, the	het loket	cage, the	de kooi

calculating machine, the	de rekenmachine
calendar, the	de kalender
call (= name), to	noemen
call, to	roepen
called, to be	heten
calm	kalm
camp, the	het kamp
can	cf. *to be able*
canal, the	het kanaal, de gracht
canary, the	de kanarie
candle, the	de kaars
capsize, to	kapseizen
car, the	de auto
carbon-copy, the	de doorslag
careful	voorzichtig
cargo, the	de lading
carpenter, the	de timmerman
carpet, the	het tapijt
carriage, the	het rijtuig
carry, to	dragen
cart, the	de kar, de wagen
carter, the	de voerman
case, the	de kist
cat, the	de kat, de poes
cattle, the	het vee
celebrate, to	vieren
cellar, the	de kelder
cent, the	de cent
5—	de stuiver
10—	het dubbeltje
25—	het kwartje
centre (of a town), the	het centrum
century, the	de eeuw
certain	zeker
chair, the	de stoel
chance	het toeval
chance, by	toevallig
chase, to	jagen
cheese, the	de kaas
chef, the	de kok
cherry, the	de kers
cherry-stone, the	de kersepit
cherry-tree, the	de kerseboom

child, the	het kind
chimney, the	de schoorsteen
choose, to	kiezen
church, the	de kerk
churchyard, the	het kerkhof
cigar, the	de sigaar
cigarette, the	de sigaret
clatter down, to	neerkletteren
clean, to	schoonmaken
clear	helder
clear away, to	opruimen
clerk, the	de klerk
climb down, to	afklimmen
climb up, to	opklimmen
cloak, the	de mantel
clock, the	het klokje
close to	dicht bij, vlak bij
cloth (material)	het laken
clothes, the	de kleren
cloud, the	de wolk
coal, the	de kolen
coal-scuttle, the	de kolenbak
coast, the	de kust
coat, the	de jas
cobble, the	de kei
cold	koud
colour, the	de kleur
coloured	gekleurd
colourful	kleurig
comb, the	de kam
come, to	komen
come back, to	terugkomen
come in, to	binnenkomen
conductor, the	de conducteur
congratulate, to	gelukwensen
consist of, to	bestaan uit
conveyor belt, the	de band
cook, the	de kok
cooling-chamber, the	de koeloven
copying-press, the	de copiëerpers
cork, the	de kurk
corkscrew, the	de kurketrekker
corn (= wheat), the	het koren, het graan

corner, the	de hoek
cost, to	kosten
cotton, the	het katoen
counter, the	de toonbank
country, the	het land
country, to the	naar buiten
country folk, the	de buitenmensen
countryman, the	de boer
countryside, the	het platteland
countrywoman, the	de boerin
couple, the	het paar
courage, the	de moed
courageous	moedig
cousin, the	de neef (n.), de nicht (f.)
cover, to	bedekken
covered	bedekt
crossing, the	de overtocht
crowd, to	dringen
cry (weep), to	huilen
curious	zonderling
current, the	de stroom
customer, the	de klant
cut (oneself), to	(zich) snijden
cycle, to	fietsen

D

daily	dagelijks
danger, the	het gevaar
dangerous	gevaarlijk
dark blue	donkerblauw
date, the	de datum
day, the	de dag
day, during the	overdag
dear (= sweet)	lief
December	december
decide, to	besluiten
deck, the	het dek
deck-chair, the	de ligstoel
deep	diep
deer, the	het hert
delay, the	de vertraging
describe, to	beschrijven
desk, the	de lessenaar

L

dictaphone, the	de dictafoon
die, to	sterven
dig, to	graven
dining-room, the	de eetkamer
direct(ly)	direct
dirty	vuil
disappear, to	verdwijnen
dish, the	de schaal
distance, the (far)	de verte
do, to	doen
doctor, the	de dokter
document, the	het stuk
domestic	huishoudelijk
door, the	de deur
downstairs	beneden
dream, to	dromen
dress, to	zich aankleden
drink, to	drinken
drinking-bowl, the	het drinkbakje
drunk	dronken
dry	droog
dry (oneself), to	(zich) drogen
during the day	overdag
dust, the	het stof
dusty	stoffig
Dutch	Hollands, Nederlands
dwell, to	wonen

E

each	elk
each other	elkaar
early	vroeg
earlier	vroeger
earth, the	de aarde
earthenware, the	het aardewerk
easy (= easily)	makkelijk
eat, to	eten
eat up, to	opeten
egg, the	het ei
empty	leeg
end, the	het eind
endless	eindeloos
enemy, the	de vijand

engagement, the	de verloving	feast, the	het feest
England	Engeland	February	februari
English	Engels	feeling, the	het gevoel,
enjoy, to	genieten van		(pl: de gevoe-
enjoy oneself, to	genieten, zich		lens)
	amuseren	festive	feestelijk
enough	genoeg	fetch, to	halen
entire	heel	few	weinig
equally	even	few, a	enkele, een paar
errand, the	de boodschap	fiancé(e), the	de verloofde
escape, to	ontsnappen	fiery	vurig
even (adv.)	zelfs	fight, to	vechten
evening, the	de avond	figure, the	het getal
evening, in the	's avonds	fill, to	vullen
ever (= always)	steeds	fill (a pipe), to	stoppen
everything	alles	finally	tenslotte
except	behalve	find, to	vinden
Exchange, the	de Beurs	finder, the	de vinder
expensive	duur	fine	mooi
explanation, the	de uitleg	fire, the	het vuur
express train, the	de sneltrein	firm	stevig
extremely	vreselijk	first	eerst
eye, the	het oog	fish, the	de vis
		fish, to	vissen

F

		fix, to	vastmaken
façade, the	de gevel	flag, the	de vlag
face, the	het gezicht	flame, the	de vlam
factory, the	de fabriek	flat	plat, vlak
fair, the	de jaarbeurs	flaw, the	de fout
fairly	nogal	flee, to	vluchten
faithful	trouw	flesh, the	het vlees
fall, to	vallen	flight, the	de vlucht
fall asleep, to	in slaap vallen	float, to	drijven
famous	beroemd	floor (= storey),	de verdieping
fancy goods, the	de galanterieën	the	
far	ver	florin, the	de gulden
farewell, the	de (afscheids)	flow, to	stromen
	groet	fly, to	vliegen
farm, the	de boerderij	fly (= flee), to	vluchten
farmer, the	de boer	fly (of flag), to	wapperen
farmer's wife, the	de boerin	foam, the	het schuim
farther	verder	fo'c'sle, the	het voorschip,
fast	snel		het logies
father, the	de vader	follow, to	volgen
fault, the	de fout	following, the	het volgend

food, the	het eten, het voedsel	give back, to	teruggeven
for (reason)	want	glad	blij
for (to)	voor	glass, the	het glas
force, the	de kracht	glass, of	glazen
foreign	vreemd, buitenlands	glass (blowing) works, the	de glasblazerij
foreground, the	de voorgrond	gleam, to	blinken
forehead, the	het voorhoofd	glide, to	glijden
foremost, the	de voorste	go, to	gaan
forest, the	het bos	go away, to	weggaan
fork, the	de vork	go off (alarum clock), to	aflopen
form, to	vormen	gold, the	het goud
former(ly)	vroeger	gone	weg
fortunately	gelukkig	good	goed
fountain, the	de fontein	good-looking	knap
fountain pen, the	de vulpen	goods, the	de goederen
fresh	fris, vers	grain, the	het graan
Friday	vrijdag	grape, the	de druif
friend, the	de vriend	grass, the	het gras
from (out of)	vanuit	great	groot
front, the	de voorkant	green	groen
front, in	van voren	greeting, the	de groet
front of, in	voor	grey	grijs
front one, the	de voorste	grocer, the	de kruidenier
fugitive, the	de vluchteling	grocer's shop, the	de kruidenierswinkel
fruit (in general)	het fruit		
fruit, the	de vrucht	groceries, the	de kruidenierswaren
full	vol		
funnel (of a ship), the	de schoorsteen	ground, the	de grond
		grow, to	groeien
further	verder	guilder, the	de gulden
		gull, the	de meeuw
G		gun, the	het geweer
garden, the	de tuin	gunpowder, the	het kruit
gardener, the	de tuinman		
gate(s), the	de poort	**H**	
gay	vrolijk	hair, the	het haar
gently	zachtjes	ham, the	de ham
get (= become), to	raken	hammer, to	hameren
		hand, the	de hand
get up, to	opstaan	happen, to	gebeuren
girder, the	de balk	harbour, the	de haven
girl, the	het meisje	hard	hard
give, to	geven	hardly	nauwelijks

hare, the	de haas	hurricane, the	de orkaan
hat, the	de hoed	hussar, the	de huzaar
have to, to	moeten		
head, the	het hoofd; de kop	**I**	
healthy	gezond	immediately	dadelijk
heap, the	de hoop	impatient	ongeduldig
hear, to	horen	impression, the	de indruk
hearth, the	de haard	in	in
hearty	hartig	incredible	ongelooflijk
heavy	zwaar	ink, the	de inkt
help, to	helpen	inkwell, the	de inktpot
her	haar	iron, the	het ijzer
herb, the	het kruid	iron, of	ijzeren
here	hier		
hidden	verborgen	**J**	
high	hoog	jam, the	de jam
him(self)	zich	January	januari
hindquarters, the	het achterlijf	jar, the	het potje
his	zijn	journey, the	de reis
hit (with gun), to	raken	journey, on a	op reis
hold, to	houden	jug, the	de kruik
hold (of ship), the	het ruim	July	juli
hole, the	de kuil	jump, to	springen
holidays, the	de vacantie	June	juni
Holland	Holland, Nederland	junk, the	de rommel
		just like	net als
home (= homewards)	naar huis		
		K	
honeycake, the	de ontbijtkoek	key (of machine), the	de toets
honour, the	de eer	knife, the	het mes
horizon, the	de horizon	knock, the	de stoot
horse, the	het paard	know, to	weten
horseback, on	te paard	know (= be acquainted with), to	kennen
horsedoctor, the	de paardedokter		
horseman, the	de ruiter		
hot	warm		
hotel, the	het hotel		
hour, the	het uur	**L**	
house, the	het huis	label, the	het etiket
household, the	het huishouden	labourer, the	de arbeider
how?	hoe?	laden	volgeladen
how many?	hoeveel?	land, the	het land
how much?	hoeveel?	land, to	terechtkomen
hunt, the	de jacht	landscape, the	het landschap
hunt, to	jagen	language, the	de taal

large	groot	lose, to	verliezen
last, the	de laatste	lost	kwijt
last, to	duren	lovely	heerlijk
late	laat	low	laag
laugh, to	lachen	luck (= good	het geluk
laughter, the	de lach	luck)	
laurel branch, the	de lauwertak	lucky	gelukkig
laurels, the	de lauweren	luggage, the	de bagage
lay, to	leggen	lumber-room, the	de rommelkast
layer, the	de laag		
lead, to	leiden, aanvoe-		**M**
	ren	mahogany, the	het mahoniehout
leader, the	de aanvoerder	mailboat, the	de mailboot
leaf, the	het blad (pl: de	make, to	maken
	bladeren)	man, the	de man
least, at	minstens	managers, the	de directie
leave, to	vertrekken	manner, the	de manier
leave, to take	afscheid nemen	mantelpiece, the	de schoorsteen-
left, on or to the	links		mantel
length of, a	een eind	many	veel
length of, a short	een eindje	March	maart
let down, to	neerlaten	market, the	de markt
letter, the	de brief	market dues, the	het staangeld
lid, the	het deksel	market square,	het marktplein
lie, to	liggen	the	
life, the	het leven	marry, to	trouwen (met)
lift up, to	oplichten	mast, the	de mast
light, the	het licht	match, the	de lucifer
light, to	aansteken	matchbox, the	het lucifersdoosje
light blue	lichtblauw	mate (= ship's	de stuurman
like, to	houden van	officer), the	
lime, the	de kalk	material, the	de stof, het goed
linen, the	het linnen	May	mei
listen to, to	luisteren naar	may	cf. *to be allowed*
little, a	een beetje	meal, the	de maaltijd
live (= dwell), to	wonen	meat, the	het vlees
live (= exist), to	leven	medicine, the	de medicijn
load, to	laden	meet (from a	afhalen
loaf, the	het brood	train), to	
loft, the	de zolder	melt, to	smelten
long	lang	member, the	het lid
long run, in the	op den duur	merchant, the	de koopman
look at, to	kijken naar	middle, the	het midden
loose	los	mile, the	de mijl
lorry, the	de lorrie	milk, the	de melk

minute, the	de minuut	Netherlands, the	Nederland, Holland
mirror, the	de spiegel		land
miss, to	missen	new	nieuw
mistake, the	de fout	new fangled	nieuwerwets
modern, in a	modern	newspaper, the	de krant
modern way		nice	aardig
moment, the	het ogenblik	nice (to eat)	lekker
Monday	maandag	niece, the	de nicht
money, the	het geld	night (=evening),	de avond
month, the	de maand	the	
moon, the	de maan	night, the	de nacht
more	meer	night (=evening),	's avonds
morning, the	de morgen	at	
morning, in the	's morgens	night, at	's nachts
most	meest	noise, the	het leven
mother, the	de moeder	noisy	rumoerig
motor, the	de motor	no!	nee
motor-vessel, the	het motorschip	no (= not any)	geen
mouth, the	de mond	not	niet
move (house), to	verhuizen	notary, (public),	de notaris
much	veel	the	
much, too	te veel	nothing	niets
music, the	de muziek	notice, the	het bordje
must	cf. *to have to*	November	november
mustard, the	de mosterd	now	nu
my	mijn	number of, the	het aantal
		nursery, the	de kinderkamer

N

O

nail, the	de nagel		
nailbrush, the	de nagelborstel	oak, the	de eik
namely	namelijk	oak (wood)	het eikenhout
napkin, the	het servet	oak, made of	eikenhouten
narrow	nauw, smal	object, the	het voorwerp
natural(ly)	natuurlijk	October	oktober
near	bij, nabij	odour, the	de geur
near by	vlak bij	of	van
neck, the	de hals	offer, to	aanbieden
need, to	nodig hebben	office, the	het kantoor
neigh, to	hinniken	oil, the	de olie
neighbour, the	de buurman, de	old	oud
	buurvrouw	oldfashioned	ouderwets
	(*pl:* de buren)	on	op
neighing, the	het gehinnik	on him	bij zich
nephew, the	de neef	on and on	al maar door

one (not the number)	men
only	pas; enig
open	open
open, to	opendoen
operation, the	de operatie
orange	oranje
orange, the	de sinaasappel
orchestra, the	het orkest
orderly	ordelijk
ordinary	gewoon
other	ander
other side, the (across)	de overkant
our	ons (onze)
oven, the	de oven
over	over
overboard	overboord
own	eigen

P

pack, to	pakken
pail, the	de emmer
pain, the	de pijn
pair, the	het paar
paper, the	het papier
parents, the	de ouders
part, the	het deel
part of	een deel van
parting, the	het afscheid
passenger, the	de passagier
past (time)	geleden
past (place)	voorbij
past, the	het verleden
pastry-cook, the	de banketbakker
pay, to	betalen
peaceful	rustig
pear, the	de peer
peasant, the	de boer
pen, the	de pen
pencil, the	het potlood
penknife, the	het zakmes
people	men
people, the	de mensen
perhaps	misschien

petrol, the	de benzine
phoenix, the	de feniks
pick up, to	opnemen, oprapen
picnic, the	de picknick
piece, the	het stuk
pile, the	de stapel
pilot, the	de piloot
pink	rose
pipe, the	de pijp
pistol, the	het pistool
pit, the	de kuil
place, the	de plaats
plain	eenvoudig
plank, the	de plank
plate, the	het bord
platform, the	het perron
play, to	spelen
pleasant	prettig
pleasure, with	graag
pocket, the	de zak
poker, the	de pook
Poland	Polen
Pole, the	de Pool
pole, the	de paal
polish, to	poetsen
ponder, to	peinzen
porridge, the	de pap
portcullis, the	de valpoort
porter, the	de kruier
possible	mogelijk
post, the	de paal
pour, to	schenken
power, the	de kracht
press, to	persen
previous	vorig
pride, the	de trots
product, the	het product
promenade, the	de boulevard
prosperous	voorspoedig
proud	trots
pump, the	de pomp
pure white	helderwit
purple	paars
purse, the	de beurs

pursue, to	achtervolgen	ride, to	rijden
push, to	duwen; dringen	right, on *or* to the	rechts
put, to	zetten; doen; stoppen; stekén	rinse, to	spoelen
		ripple, to	kabbelen
		rise, to	stijgen
put down, to	neerzetten	rise (of storm), to	opsteken
put to flight, to	op de vlucht jagen	road, the	de weg
		roll, the	de rol
pyjamas, the	de pyjama	roll, to	rollen
		roll (on waves), to	dobberen
Q		roll up, to	oprollen
quarter of an hour, the	het kwartier	roof, the	het dak
		room, the	de kamer, het vertrek
quarter past	kwart over		
quarter to	kwart voor	roomy	ruim
quay, the	de kade	rough	ruw
quench, to	lessen	round	om
question, the	de vraag	round (=circular)	rond
quick(ly)	vlug, gauw	row, the	de rij
quiet	stil, rustig	rowing-boat, the	de roeiboot
		rubbish, the	de rommel
R		rudder, the	het roer
rabbit, the	het konijn	run (= flow), to	stromen
rack, the	het rek	run, in the long	op den duur
rain, the	de regen	Russia	Rusland
rain, to	regenen		
rather	nogal	**S**	
razor, the	het scheermes	sad	treurig
read, to	lezen	sail, the	het zeil
ready	klaar, gereed	sail (= go), to	varen
ready-made tailor's, the	de confectiezaak	sailcloth, the	het zeildoek
		sailing vessel, the	het zeilschip
real(ly)	echt; werkelijk	sailor, the	de zeeman (*pl.* zeelui), de matroos
reckon, to	berekenen		
recognize, to	herkennen		
red	rood	sally, the	de uitval
refugee, the	de vluchteling	same, the	dezelfde, hetzelfde
remain, to	blijven		
request, to	verzoeken	sample, the	het monster
resist, to	weerstaan	sand, the	het zand
restaurant, the	het restaurant	satisfied with	tevreden met
return, to	teruggeven	Saturday	zaterdag
ribbon, the	het lint	sauce, the	de saus
rich	rijk	sausage, the	de worst
ride, the	de rit	say, to	zeggen

sea, the — de zee
sea-gull, the — de meeuw
seal, to — verzegelen
sealing wax, the — de zegellak
search, to — zoeken
seat (of chair), the — de zitting
second-hand — tweedehands
see, to — zien
seek, to — zoeken
seem, to — schijnen
sell, to — verkopen
September — september
shake, to — schudden
shape, to — vormen
shave, to — zich scheren
shaving-brush, the — de scheerkwast
shaving-soap, the — de scheerzeep
sheet, the — het laken
shelf, the — het plankje
shine, to — schijnen, schitteren, blinken
ship, the — het schip
shipwreck, the — de schipbreuk
shipwrecked, to be — schipbreuk lijden
shoot, to — schieten
shop, the — de winkel
shopping, the — de inkopen
shopping, to do the — boodschappen doen
shopping, to go — inkopen doen
shot, the — het schot
shot (= pellets) — de hagel
shut, to — dichtdoen
shy — schuw
side, the — de kant
sides, on both — aan weerszijden
sideboard, the — het buffet
signet ring, the — de zegelring
signpost, the — de wegwijzer
silver, the — het zilver
simple — eenvoudig
sing, to — zingen
single (= unmarried) — ongetrouwd

sister, the — de zuster
sit, to — zitten
sitting-room, the — de zitkamer
sky, the — de hemel, de lucht
sleep, the — de slaap
sleep, to — slapen
slice, the — het sneetje
slide, to — glijden
small — klein
smell, to — ruiken
smelt, to — smelten
smile, the — de glimlach
smoke, to — roken
snack bar, the — de lunchroom
snow, the — de sneeuw
snow, to — sneeuwen
so — zo
soap, the — de zeep
soda, the — de soda
soft — zacht
softly — zacht, zachtjes
some — wat; enig
something — wat; iets
somewhat — een beetje
soon — weldra
soon as, as — zodra
space, the — de ruimte
spacious — ruim
spade, the — de schop
spare room, the — de logeerkamer
sparkle, to — fonkelen, schitteren
special — bizonder, bijzonder
spend (bullets), to — verschieten
splash, to — spatten
splendid — prachtig
splinter (of glass), the — de scherf
sponge, the — de spons
spoon, the — de lepel
spot, the — de plek
spring (season) — de lente
spring (water), the — de bron

square (in town), the — het plein

stag, the — het hert

stairs, the — de trap

stall, the — de kraam

stand, to — staan; zijn

stately — deftig

station, the — het station

steam, the — de stoom

steam-pipe, the — de stoompijp

steel, the — het staal

steel, of — stalen

steeple, the — de toren

stern (of a ship), the — het achterschip

stick, to — plakken

stick (= small bar), the — het staafje

stick out, to — uitsteken

still (= quiet) — stil

still (= yet) — nog, nog steeds

stomach-ache, the — de buikpijn

stone (=pip), the — de pit

stone, the — de steen

stool, the — de kruk

stop, to — stoppen

store-room, the — het magazijn

storey, the — de verdieping

storm, the — de storm

story, the — het verhaal

straight (in front of) — vlak voor

strange — vreemd

straw, the — het stro

street, the — de straat

strike root, to — wortelen

strong — sterk

study, to — studeren

stuff, the — de stof

stumble, to — struikelen

succeed, to — gelukken

such as — zoals

suddenly — plotseling

suit (of clothes), the — het pak

summer, the — de zomer

summer, in — 's zomers

sun, the — de zon

Sunday — zondag

surrounded — omringd

sweet — zoet

sweetshop, the — de snoepwinkel

swim, to — zwemmen

T

table, the — de tafel

tablecloth, the — het tafellaken

tailor's, the ready-made — de confectiezaak

take, to — nemen

talk, to — praten

tall — hoog

tap, the — de kraan

tear(drop), the — de traan

tear, to — scheuren

telephone, the — de telefoon

tell, to — vertellen

tepid — lauw

terrible — vreselijk

thaw, to — dooien

their — hun

then — toen, dan

there — daar; er

therefore — dus

thermometer, the — de thermometer

thick — dik

thing, the — het ding

think, to — denken

thirst, the — de dorst

thirsty, to be — dorst hebben

this — dit, dat

thought, the — de gedachte

thousand — duizend

through — door

throw, to — gooien, werpen

throw away, to — weggooien

Thursday — donderdag

ticket, the — het kaartje

tide, the — het getij

time, the	de tijd	under	onder
time, in	op tijd	understand, to	verstaan
time (=occasion), the	de keer	unexpected	onverwacht
		unload, to	lossen
tired	moe (= moede)	unmarried	ongetrouwd
to and fro	heen en weer	unroll, to	ontrollen
tobacco, the	de tabak	until	tot
together	samen	upside down	ondersteboven
tongs, the	de tang	use, to	gebruiken
too (= very)	te	use up, to (ammunition)	verschieten
tooth, the	de tand		
toothbrush, the	de tandenborstel	useful	nuttig
toothpaste, the	de tandpasta	usual	gewoon
top hat, the	de hoge hoed		
toss (on waves), to	dobberen	**V**	
totter, to	wankelen	valley, the	de vallei
touch (= hit), to	raken	veritable	werkelijk
toward	naartoe, naar ... toe	very	heel
		vet, the	de veearts
towel, the	de handdoek	via	via
tower, the	de toren	village, the	het dorp
town, the	de stad	violent	fel
towngate, the	de stadspoort	violet	violet
town hall, the	het stadhuis	visit, the	het bezoek
traffic, the	het verkeer	visitor, the	de bezoeker
train, the	de trein		
tram, the	de tram	**W**	
travel, to	reizen	wait, to	wachten
traveller, the	de reiziger	wait for, to	wachten op
tree, the	de boom	wake up, to	wakker worden
true	waar	walk, to	wandelen, lopen
try, to	proberen, trachten	walk on (and on), to	doorlopen
Tuesday	dinsdag	walk along with, to	meelopen met
Turk, the	de Turk		
Turkey	Turkije	wall, the	de muur, de wand
turn, the	de beurt	wall (= rampart), the	de wal
turn off (alarum clock), to	afzetten	want to, to	willen
		war, the	de oorlog
twig, the	de twijg	warehouse, the	het pakhuis
typewriter, the	de schrijfmachine	warm	warm
		wash, to	wassen
U		wash oneself, to	zich wassen
umbrella, the	de paraplu	washbasin, the	de waskom
uncle, the	de oom		

waste-paper bas-ket, the	de prullenmand	wind, the	de wind
		window, the	het raam
water, the	het water	wine, the	de wijn
wave, the	de golf	winter, the	de winter
way, the	de weg	winter, in	's winters
way (=manner), the	de manier	with	met
		without	zonder
way, a little	een eindje	woman, the	de vrouw
weather, the	het weer	wonder, the	het wonder
weathercock, the	het haantje (v. d. toren)	wonderful	wonderlijk
		wood	het hout
Wednesday	woensdag	wood, of	houten
wet	nat	wool, the	de wol
what?	wat?	work, the	het werk
what kind of?	wat voor?	work, to	werken
when	als, wanneer; toen	workman, the	de werkman (pl. werklui)
whenever	wanneer	works, the	de fabriek
where?	waar?	wrench, to	rukken
which	die, dat	write, to	schrijven
which?	welk?		
while, a little	een poosje	**Y**	
whilst	terwijl	yard, the	90 cm.
white	wit	year, the	het jaar
whitewashed	witgekalkt	yellow	geel
who?	wie?	yes	ja, jawel
whole	heel	yet (= still)	nog
wide	wijd	yet (=all the same)	toch
wild	wild	young	jong
will	cf. *to want to*	your	jouw, Uw
wind (of a road), to	kronkelen		

VOCABULARY
Dutch—English

A

aan	at
aanbieden	to offer
aangeplakt	posted up
aangeslagen	affixed
aangeven	to indicate
aankleden, zich	to dress (oneself)
aankomen	to arrive
aanleggen	to aim
aansteken	to light
aantal, het	the number (of)
aantreffen	to find, come across
aanvoerder, de	the leader, captain
aanvoeren	to lead, command
aanzienlijk	considerable
aarde, de	the earth
aardewerk, het	the earthenware
aardig	nice
achter	behind, at the back of
achter, van	behind, at the back
achtergrond, de	the back, the background
achterkant, de	the back
achterlijf, het	the hindquarters
achterschip, het	the stern
achterste, de	the back one
achtervolgen	to pursue
adresseermachine, de	the addressograph
af en aan	backwards and forwards
afbraak, de	the demolition
afhalen	to meet (from train, etc.)
afklimmen	to climb down
aflopen	to go off (alarum)
afmeting, de	the dimension
afscheid, het	the parting
afscheid nemen	to take leave
afsluiten	to shut (off)
afzetten	to turn off (alarum)
akelig	awful
al	already
al maar door	on and on
allemaal	all of us, you, them
allerlei	all sorts of
alles	everything
alles, dit	all this
als	like; when
altijd	always
amuseren, zich	to amuse (enjoy) oneself
ander	other
anders	different
antwoorden	to answer
appel, de	the apple
april	April
arbeider, de	the labourer
artikel, het	the article
as, de	the ash(es)
asbakje, het	the ashtray
asla, de	the ashpan
atelier, het	the workshop
augustus	August
auto, de	the car
avond, de	the evening
avonds, 's	in the evening, at night

avontuur, het	the adventure	berekenen	to reckon
		berekening, de	the calculation
B		beroemd	famous
baal, de	the bale	beschrijven	to describe
baard, de	the beard	besluiten	to decide
bad, het	the bath, bathe	best	best
baden	to bath(e)	bestaan uit	to consist of
badpak, het	the bathing-suit	betalen	to pay
badkamer, de	the bathroom	beurs, de	the purse, the
bagage, de	the luggage		Exchange
baken, het	the beacon	beurt, de	the turn
bakker, de	the baker	bevolken	to people
bakkerij, de	the bakery	bewegen	to move
bal, de	the ball	beweging, de	the movement
balk, de	the beam (of	bewoond	inhabited
	wood), the	bezoek, het	the visit
	girder	bezoeker, de	the visitor
balkon, het	the balcony	bezwaar, het	the objection
banaan, de	the banana	bij	near
band, de	the (conveyor)	bijl, de	the axe
	belt	bijna	almost
banketbakker, de	the pastrycook	binden	to bind
barbier, de	the barber	binnendringen	to push (or
barometer, de	the barometer		shove) in
baron, de	the baron	binnenkomen	to come in
bed, het	the bed	binnenlands	inland
bedekken	to cover	bizonder	special
bedrag, het	the amount	blad, het (*pl.* de	the leaf (the
bedragen	to amount to	bladeren)	leaves)
bedrieglijk	deceptive(ly)	blauw	blue
bedrog, het	the deception	bleek	pale
beekje, het	the brook	blij	glad
beetje, een	a little, some-	blijkbaar	apparently
	what	blijven	to remain
beginnen	to begin	blik, de	the glance
begroeid	overgrown	blik werpen, een	to throw a glance
behalve	except	blinden, de	the shutters
behoren aan	to belong to	blinken	to gleam, shine
behulp van, met	with the help of	bloeien	to flower
beide(n)	both	bloembed, het	the flower bed
bende, de	the band	boek, het	the book
beneden	downstairs	boekenstalletje,	the bookstall
benedenaan	at the bottom	het	
benevens	apart from	boer, de	the peasant,
bepalen tot, zich	to limit oneself to		farmer

boerderij, de	the farm	buit, de	the booty, loot
boerin, de	the country woman, farmer's wife	buitenlands	foreign
		buitenmensen, de	the country folk
		buitmaken	to capture
bokkenwagen, de	the goat cart	buren, de	the neighbours
boodschap, de	the errand	buurman, de	the neighbour (man)
boodschappen doen	to do the shopping	buurvrouw, de	the neighbour (woman)
boog, de	the arc, curve		
boom, de	the tree	**C**	
boord, aan	on board		
boot, de	the boat	café, cafétje, het	the café
bord, het	the plate, the blackboard, the board	carbid, het	the carbide
		cargadoor, de	the ship-broker
		cent, de	the cent
border, de	the border	centrum, het	the centre (of town)
bordje, het	the notice (board)	commissaris, de	the chief inspector
bos, het	the wood, forest		
boter, de	the butter	conducteur, de	the conductor
boulevard, de	the promenade	confectiezaak, de	the ready-made tailor's
bouwterrein, het	the building site		
boven	above	copiëerpers, de	the copying-press
bovenaan	at the top		
bovendien	moreover	**D**	
bovenmeester, de	the headmaster (village school)	daar	there
		daarna	after that
brandewijn, de	the brandy	dadelijk	immediate(ly)
brandkast, de	the safe	dag, de	the day
breed	broad, wide	dagelijks	daily
breken	to break	dak, het	the roof
brief, de	the letter	dan	then
brievenbesteller, de	the postman	dapper	brave
		datum, de	the date
broer, de	the brother	december	December
bron, de	the spring	deel, het	the part
brood, het	the bread, loaf	deftig	stately
broodplank, de	the bread-board	dek, het	the deck
broodschaal, de	the bread-dish	deken, de	the blanket
brug, de	the bridge	deksel, het	the lid
bruin	brown	denken	to think
brutaal	bold	deur, de	the door
buffet, het	the sideboard	dezelfde	the same
buikpijn, de	the stomach-ache	dicht bij	close to
		dichtdoen	to shut

dichtschuiven	to draw (curtains)
dictafoon, de	the dictaphone
die	which
dief, de	the thief
diep	deep
dier, het	the animal
dik	thick
dinsdag	Tuesday
direct	direct(ly)
directie, de	the managers
dit	this
dobberen	to roll, toss (on waves)
doen	to do
dof	dull
doodvonnis, het	the death-sentence
dooien	to thaw
dokter, de	the doctor
donderdag	Thursday
donkerblauw	dark blue
door	through
doorlopen	to walk on
doorslag, de	the carbon copy
doos, de	the (small) box
dorst, de	the thirst
dorst hebben	to be thirsty
dorp, het	the village
dragen	to carry, to bear; to wear
drijven	to float
dringen	to crowd
drinkbakje, het	the drinking-bowl
drinken	to drink
drogen, zich	to dry oneself
dromen	to dream
dronken	drunk
droog	dry
droom, de	the dream
druif, de	the grape
druk	busy
drukkend	oppressive
dubbeltje, het	the ten cent piece

duizend	thousand
duren	to last
dus	therefore
duur	expensive
duur, op den	in the long run
duwen	to push
dwars door	right across

E

echt	real
eentje	someone
eer, de	the honour
eenvoudig	plain, simple
eerst	first
eetkamer, de	the dining-room
eeuw, de	the century
ei, het	the egg
eigen	own
eigenaar, de	the owner
eigenlijk	actual, real(ly)
eik, de	the oak (tree)
eikenhout, het	oak (i.e. wood)
eikenhouten	(made of) oak
eind, het	the end
eind, een	an end, a length
eindeloos	endless
eindje, een	a short length of; a little way
el, de	the ell (a Dutch yard)
elk	each
elkaar	each other
emmer, de	the pail, bucket
en	and
Engeland	England
Engels	English
enig	any; some; only
enkele	a few
er	there
erg	very
étage, de	the floor, storey
etalage, de	the shop window
eten	to eat
eten, het	the food
etiket, het	the label

even	equally	gelakt	lacquered, enamelled
exotisch	exotic	goud, het	the gold
F		geldstuk, het	the coin
fabriek, de	the factory, works	geleden	past
fantasierijk	imaginative, inventive	gelegen	situated
		geloven	to believe
februari	February	geluidloos	soundless
feest, het	the feast	geluk, het	(good) luck
feestelijk	festive	gelukken	to succeed
fel	violent	gelukkig	lucky, luckily
feniks, de	the phoenix	gelukwensen	to congratulate
fiets, de	the bicycle	gemeente, de	the municipality
fietsen	to cycle	genieten	to enjoy (one-self)
fles, de	the bottle		
fluisteren	to whisper	genoeg	enough
fluweel, het	the velvet	gereed	ready (to start)
fonkelen	to sparkle	getal, het	the figure, number
fontein, de	the fountain		
forceren	to force (open)	getij, het	the tide
foto, de	the photograph	getrouwd	married
fout, de	the fault, flaw, mistake	geur, de	the odour
		gevaar, het	the danger
fris	fresh	gevaarlijk	dangerous
fruit, het	fruit (in general)	geval, het	the affair, business
		gevel, de	the façade, outside wall
G			
galanterieën de	the fancy goods	geven	to give
gang, de	the corridor, passage	gevoel, het (*pl.* de gevoelens)	the feeling (the feelings)
gangbaar	current	geweer, het	the gun, rifle
gat, het	the hole	gewei, het	the antlers
gauw	quickly	gewoon	ordinary, usual
gebeuren	to happen	gezelschap, het	the company
gebouw, het	the building	gezicht, het	the face
gebruiken	to use	gezond	healthy
gedachte, de	the thought	gilde, het	the guild
geen	no, not any	glans, de	the gleam
geel	yellow	glanzend	gleaming, shiny
gefladder, het	the fluttering	glas, het	the glass
geheim, het	the secret	glasblazerij, de	the glass-blowing works
geheimzinnig	mysterious		
gehinnik, het	the neighing	glazen	of glass
gekleurd	coloured	glijden	to glide

M

glimlach, de	the smile	heen en weer	to and fro
goed	good	heerlijk	lovely
goed, het	the material	helaas	alas
goederen, de	the goods	helder	bright, clear
golf, de	the wave	helderwit	pure white
gooien	to throw	helpen	to help
gordijn, het	the curtain	hemel, de	the sky
goud, het	the gold	herfst, de	autumn
graag	with pleasure	herkennen	to recognize
graan, het	the grain, wheat	hert, het	the stag, deer
gracht, de	the (town) canal	heten	to be called
gras, het	the grass	hetzelfde	the same
graven	to dig	hier	here
grijs	grey	hinniken	to neigh
groeien	to grow	hoe?	how?
groen	green	hoed, de	the hat
groet, de	the greeting; farewell	hoed, de hoge	the top hat
		hoek, de	the corner
grommen	to grunt	hoera	hurrah
grond, de	the ground	hoeveel?	how much? how many?
groot	large, great		
gulden, de	the guilder, florin	Holland	Holland, the Netherlands

H

		Hollands	Dutch
haantje, het	the (weather) cock	hoofd, het	the head
		hoofdstad, de	the capital
haar	her	hoofdstedelijk	of a capital (metropolitan)
haar, het	the hair		
haard, de	the hearth	hoog	high, tall
haas, de	the hare	hoogstwaarschijn-	very probably
hagel, de	the shot, pellets	lijk	
hal, de	the hall	hoogte, de	the height
halen	to fetch	hoop, de	the heap
hals, de	the neck	hoop, de	the hope
ham, de	the ham	hopen	to hope
hameren	to hammer	horen	to hear
hand, de	the hand	horizon, de	the horizon
handdoek, de	the towel	hotel, het	the hotel
hangslot, het	the padlock	houden	to hold
hard	hard	houden van	to like
harken	to rake	hout, het	wood
haven, de	the harbour	houten	wooden
heel *(adj.)*	whole, entire	huilen	to cry, weep
heel *(adv.)*	very	huis, het	the house
heel wat	a good deal	huis, naar	home, homeward

huishoudelijk	domestic
huishouden, het	the household
hun	their
huzaar, de	the hussar

I

idylle, de	the idyll
iedereen	everybody
iets	something
ijzer, het	iron
ijzeren	(of) iron
ijzerdraad, het	the (iron) wire
in	in
inbraak, de	the burglary
inbreken	to burgle
inbreker, de	the burglar
indruk, de	the impression
ingericht	arranged
ingezetene, de	the inhabitant
inhoud, de	the contents
inkopen, de	the shopping
inkopen doen	to do the shopping
inkt, de	the ink
inktpot, de	the inkwell
instellen	to commence, institute

J

ja	yes
jaar, het	the year
jaarbeurs, de	the annual trade fair
jacht, de	the hunt
jagen	to hunt to chase
jam, de	the jam
januari	January
jas, de	the coat
jawel	yes, certainly
jong	young
jongelui, de	the young people
jongen, de	the boy
jouw	your
juli	July

juni	June

K

kaal	bare
kaars, de	the candle
kaartje, het	the ticket
kaas, de	the cheese
kabbelen	to ripple
kachel, de	the stove
kade, de	the quay
kajuit, de	the cabin
kalender, de	the calendar
kalk, de	the lime
kalm	calm
kam, de	the comb
kamer, de	the room
kamp, het	the camp
kanaal, het	the canal
kanarie, de	the canary
kant, de	the side
kantoor, het	the office
kapseizen	to capsize
kar, de	the cart
karretje, het	the barrow
kat, de	the cat
katoen, het	the cotton
keer, de	the time, occasion
kei, de	the cobble
kelder, de	the cellar
kennen	to know (to be acquainted with)
kerk, de	the church
kerkhof, het	the churchyard
kers, de	the cherry
kerseboom, de	the cherry tree
kersepit, de	the cherry stone
keurig	neat
kiezen	to choose
kijken naar	to look at
kind, het	the child
kinderkamer, de	the nursery
kist, de	the (packing) case

klaar	ready (= finished)	kruidenierswinkel, de	the grocer's shop
klant, de	the customer	kruier, de	the porter
kleden, zich	to dress (oneself)	kruik, de	the jug
kleermaker, de	the tailor	kruis, het	the cross
klein	small	kruit, het	the gunpowder
kleren, de	the clothes	kruk, de	the stool
klerk, de	the clerk	kuil, de	the pit, the hole
kleur, de	the colour	kunnen	to be able (can)
kleurig	colourful	kurk, de	the cork
klokje, het	the clock	kurketrekker, de	the corkscrew
knap	good-looking, clever	kust, de	the coast
		kwaad	angry
knoop, de	the button	kwart over	a quarter past
knop, de	the knob	kwart voor	a quarter to
koekje, het	the biscuit	kwartier, het	the quarter of an hour
koeloven, de	the cooling chamber		
		kwartje, het	the 25 cent piece
kogel, de	the bullet	kwijt	lost
kok, de	the chef		
kolen, de	the coal		
kolenbak, de	the coal-scuttle		**L**
komen	to come	laag	low
konijn, het	the rabbit	laag, de	the layer
kooi, de	the cage; the bunk	laat	late
		laatje, het	the till
koop, te	for sale	laatste, de	the last
koopman, de	the merchant	lach, de	the laughter
kop, de	the head (of animal)	lachen	to laugh
		laden	to load
kopen	to buy	lading, de	the cargo
koper, het	the brass, copper	laken, het	cloth (material); the sheet
koperwerk, het	the brasswork		
koren, het	the corn, wheat	land, het	the land, country
kosten	to cost	landhuis, het	the country house
koud	cold	landschap, het	the landscape
kraam, de	the stall	lang	long
kraan, de	the tap	langs	along
kracht, de	the force, power	lauw	tepid
krant, de	the newspaper	lauweren, de	the laurels
krijgen	to receive, get	lauwertak, de	the laurel branch
kris-kras	criss-cross	leeg	empty
kronkelen	to wind, meander	leggen	to lay
kruid, het	the herb	leiden	to lead
kruidenier, de	the grocer	lekker	nice (to eat)
		lengte, de	the length

lente, de	spring
lepel, de	the spoon
lessen	to quench
lessenaar, de	the desk
leuningstoel, de	the armchair
leven, het	the noise, (the) life
leven	to live
lezen	to read
licht, het	the light
lichtblauw	light blue
lichtend	with haze of light
lid, het	the member
lief	dear, sweet
liever	rather
liggen	to lie
ligstoel, de	the deck-chair
lijken	to seem
lijn, de	the line
lijst, de	the list
links	on *or* to the left
linnen, het	the linen
lint, het	the ribbon
listig	cunning
logee, de	the guest
logeerkamer, de	the spare room
logies, het	the fo'c'sle
lokaal, het	the room (not a living room)
loket, het	the booking office, the sliding window of office, etc.
loop, de	the barrel (of gun)
lopen	to walk
lorrie, de	the lorry
los	loose
lossen	to unload
lucht, de	the air, the sky
lucifer, de	the match
lucifersdoosje, het	the matchbox
luisteren naar	to listen to
lukken	to succeed
lunchroom, de	the snack bar

M

maaksel, het	(the) make
maaltijd, de	the meal
maand, de	the month
maandag	Monday
maar	but
maart	March
magazijn, het	the store rooms
mahoniehout, het	the mahogany
mailboot, de	the mailboat
maken	to make
makkelijk	easy, easily
man, de	the man
mand, de	the basket
manier, de	the way, manner
mantel, de	the cloak
markt, de	the market
marktplein, het	the market square
mast, de	the mast
medicijn, de	the medicine
meelopen met	to walk along with
meer	more
meest	most
meeuw, de	the sea-gull
mei	May
meisje, het	the girl
melk, de	the milk
melkboer, de	the milkman
men	people, one
menie, de	minium, red-lead
mensen, de	the people
merken	to mark
mes, het	the knife
met	with
meubel, het	the piece of furniture
middag, de	the afternoon
middags, 's	in the afternoon
midden, het	the middle
mijn	my
mijl, de	the mile
mikken	to aim

minstens	at least	namaken	to imitate
minuut, de	the minute	namelijk	namely
misschien	perhaps	nat	wet
missen	to miss	natuurlijk	natural(ly)
modern	modern	nauw	narrow
moe, moede	tired	nauwelijks	hardly
moed, de	the courage	nauwkeurig	accurate
moeder, de	the mother	Nederland	Holland, the Netherlands
moedig	courageous		
moeilijk	difficult	Nederlands	Dutch
moeite, de	the trouble	nee	no!
moeten	to have to, must	neerkletteren	to clatter down
mogelijk	possible	neerlaten	to let down
mogen	to be allowed, may	neerzetten	to put down
		nemen	to take
mond, de	the mouth	net als	just like
monster, het	the sample	niet	not
mooi	fine; well	niets	nothing
morgen, de	the morning	nieuw	new
morgens, 's	in the morning	nieuwerwets	new-fangled
mosterd, de	the mustard	nodig	necessary
motor, de	the motor	nodig hebben	to need
motorschip, het	the motor-vessel	noemen	to call, name
munt, de	the coin	nog	yet, still
muur, de	the wall	nog steeds	still
muziek, de	the music	nogal	fairly, rather
		notaris, de	the notary (public)
N			
na	after	november	November
naar	to, toward	nu	now
naar buiten	to the country	nuttig	useful
naartoe	towards		
naast	beside, at the side of	**O**	
		oever, de	the bank
nabij	near	ogenblik, het	the moment
nacht, de	the night	oktober	October
nachts, 's	at night, during the night	olie, de	the oil
		om	round
nachtwaker, de	the night watch-man	omdat	because
		omgeven	to surround
nadruk, de	the emphasis	omgooien	to upset
nagaan	to check	omhoog	up
nagel, de	the nail (of finger)	omringd	surrounded
		onder	under
nagelborstel, de	the nailbrush	ondersteboven	upside down

onderzoek; het	the investigation	oranje	orange
ongeduldig	impatient	ordelijk	orderly
ongelooflijk	incredible	orkaan, de	the hurricane
ongestoord	undisturbed	orkest, het	the orchestra
ongetrouwd	unmarried	oud	old
ongeveer	about	ouders, de	the parents
onheilspellend	ominous	oven, de	the oven
onmiddellijk	immediately	over	over
ons	our	overboord	overboard
ontbijt, het	the breakfast	overdag	during the day
ontbijtkoek, de	the honeycake	overkant, de	the other side
ontbijtworst, de	the breakfast-sausage		(across)
		overtocht, de	the crossing
ontdekken	to discover		
ontrollen	to unroll	**P**	
ontsnappen	to escape	paal, de	the post
ontvangen	to receive	paar, het	the couple, pair
ontvingen (*see* ontvangen)		paar, een	a couple, a pair, a few
onverwacht	unexpected	paard, het	the horse
oog, het	the eye	paard, te	on horseback
ook	also	paardedokter, de	the horsedoctor
oom, de	the uncle	paars	purple
oorlog, de	the war	pad, het (*pl.* de paden)	the path(s)
op	on		
opeens	at once, suddenly	pak, het	the suit (of clothes)
open	open		
opendoen	to open	pakhuis, het	the warehouse
operatie, de	the operation	pakken	to pack
opeten	to eat, to eat up	pand, het	the premises
opgetuigd	harnessed, with trappings	pap, de	the porridge
		papier, het	the paper
opgeven	to state	paraplu, de	the umbrella
opgewonden	excited	pas	only
opklimmen	to climb up	passagier, de	the passenger
oplichten	to lift up	peer, de	the pear
opnemen	to take up	peinzen	to ponder
oprapen	to pick up	pen, de	the pen
oprollen	to roll up	perceel, het	the premises
opruimen	to clear away	perron, het	the platform
opstaan	to get up	persen	to press
opsteken	to rise (of storm); to light (cigarette, etc.)	pijn, de	the pain
		pijp, de	the pipe
orangerie, de	the conservatory	piloot, de	the pilot (of aircraft)

pistool, het	the pistol	regen, de	the rain
pit, de	the stone, pip	regenen	to rain
plaats, de	the place	reis, de	the journey
plakkaat, het	the proclamation, notice	reis, op	on a journey
		reizen	to travel
plakken	to stick	reiziger, de	the traveller
plan, het	the plan	rek, het	the rack
plank, de	the plank, shelf	rekening houden met	to take into account
planten	to plant		
plat	flat	rekenmachine, de	the calculating machine
platteland, het	the country, the countryside		
		ressorteren onder	to be in the district of
plegen	to commit		
plein, het	the square	rest, de	the rest
plek, de	the spot	restant, het	the remainder
plotseling	suddenly	restaurant, het	the restaurant
pluche, de	the plush	rij, de	the row
plus minus	approximately	rijden	to ride
poetsen	to polish	rijk	rich
Polen	Poland	rijtuig, het	the carriage
pomp, de	the pump	rit, de	the ride
pook, de	the poker	roeiboot, de	the rowing boat
poort, de	the gate(s)	roepen	to call
poosje, een	a little while	roer, het	the rudder, the wheel
pot, de	the pot		
potje, het	the jar	roerloos	immobile
potlood, het	the pencil	roken	to smoke
pracht, de	the splendour	rol, de	the roll
prachtig	splendid	rollen	to roll
prettig	pleasant	romantisch	romantic
priëel, het	the pergola	rommel, de	the junk, rubbish
proberen	to try	rommelig	rubbishy, untidy
product, het	the product	rommelkast, de	the boxroom, the lumber room
prullenmand, de	the waste-paper basket		
		rood	red
pyjama, de	the pyjamas	rose	pink
		rots, de	the rock
R		rug, de	the back
raam, het	the window	ruiken	to smell
raken	to touch, hit	ruim	roomy, spacious
raken	to get (= become)	ruim, het	the hold (of a ship)
rechercheur, de	the detective	ruimte, de	the space
rechtop	straight, upright	ruiter, de	the horseman
rechts	on *or* to the right	rukken	to wrench

rumoerig	noisy	schuim, het	the foam
Rusland	Russia	schuitje, het	the basket (of
rust, de	the rest		balloon)
rustig	quiet, peaceful	schuiven	to push, shove
ruw	rough	schuw	shy
		september	September

S

samen	together	serre, de	the greenhouse
saus, de	the sauce	servet, het	the napkin
schaal, de	the dish	sigaar, de	the cigar
schaduw, de	the shadow	sigaret, de	the cigarette
schatrijk	wealthy	sinaasappel, de	the orange
scheerkwast, de	the shaving-	slaan	to beat
	brush	slaap, de	the sleep
scheermes, het	the razor	slaap vallen, in	to fall asleep
scheerzeep, de	the shaving-soap	slaapkamer, de	the bedroom
scheiden	to separate	slag, de	the blow
schemer, de	twilight	slager, de	the butcher
schenken	to pour	slapen	to sleep
scheren, zich	to shave	slecht	bad
scherf, de	the splinter (of	slepen	to drag
	glass)	slingeren	to wind
scheuren	to tear	slot, op	locked
schieten	to shoot, fire	smal	narrow
schijnen	to shine	smelten	to smelt, to melt
schijnen	to seem	smid, de	the smith, the
schilder, de	the painter		blacksmith
schip, het (*pl.* de	the ship (the	sneetje, het	the slice
schepen)	ships)	sneeuw, de	the snow
schipbreuk, de	the shipwreck	sneeuwen	to snow
schipbreuk lijden	to be shipwreck-	snel	fast
	ed	sneltrein, de	the express
schitteren	to sparkle, shine		(train)
scholen	to crowd	snijbrander, de	the oxyacetylene
schoonheid, de	the beauty		cutter
schoonmaken	to clean	snijden	to cut
schoorsteen, de	the funnel, the	snijden, zich	to cut oneself
	chimney	snoepwinkel, de	the sweet-shop
schoorsteenman-	the mantelpiece	soda, de	the soda
tel, de		soms	sometimes
schop, de	the spade	spatten	to splash
schot, het	the shot	spelen	to play
schrijfmachine, de	the typewriter	spiegel, de	the mirror
schrijven	to write	spoeden, zich	to hasten
schudden	to shake	spoelen	to rinse
		spons, de	the sponge

springen	to jump	stuiver, de	the five cent piece
sprookje, het	the fairy-tale		
staafje, het	the stick (small bar)	stuk, het	the piece; the document
staal, het	the steel	stuurman, de	the mate (= ship's officer)
staan	to stand		
staangeld, het	the market dues		**T**
stad, de	the town		
stadhuis, het	the town hall	taal, de	the language
stadspoort, de	the town gate	tabak, de	the tobacco
stalen	(made of) steel	tafel, de	the table
stapel, de	the pile	tafellaken, het	the tablecloth
stappen	to step	tak, de	the branch
statig	stately	tand, de	the tooth
station, het	the station	tandenborstel, de	the toothbrush
steeds	ever	tandpasta, de	the toothpaste
steen, de	the stone	tang, de	the tongs
stempelen	to stamp	tapijt, het	the carpet
sterk	strong	te	to; too
sterven	to die	telefoon, de	the telephone
stevig	firm	tenslotte	finally
stijgen	to rise	terechtkomen	to land
stil	quiet, still	terras, het	the terrace
stoel, de	the chair	terug	back
stoep, de	the *stoep* (pavement)	teruggeven	to give back, return
stof, de	the stuff, material	terwijl	whilst
		teugel, de	the bridle
stof, het	the dust	tevoren	before, beforehand
stoffig	dusty		
stoom, de	the steam	tevreden met	satisfied with
stoompijp, de	the steam-pipe	tezamen	together
stoot, de	the knock	theekist, de	the tea chest
stoppen	to stop, to fill (a pipe)	thermometer, de	the thermometer
		thuis	at home
storm, de	the storm	tijd, de	the time
straat, de	the street	tijd, op	in time
strand, het	the (sandy) beach	timmerman, de	the carpenter
stro, het	the straw	toch	yet
stromen	to run, to flow	toegang, de	the admission, admittance
stroom, de	the stream, current		
		toen	then; when
studeren	to study	toestel, het	the apparatus
struik, de	the bush	toets, de	the key (of typewriter)
struikelen	to stumble		

toeval, het	chance
toevallig	by chance
toilet, het	wash and dress
ton, de	the barrel
toon, ten	on show
toonbank, de	the counter
toren, de	the tower, steeple
tot	until, to
traan, de	the tear(drop)
trachten	to try
tram, de	the tram
trap, de	the stairs
trapgevel, de	the stepped gable
trede, de (*or* de tree)	the step (of stairs)
trein, de	the train
treurig	sad
tronen	to be enthroned
trots	proud
trots, de	the pride
trouw	faithful
trouwen	to marry
tuin, de	the garden
tuinman, de	the gardener
Turk, de	the Turk
Turkije	Turkey
tussen	between
tweedehands	secondhand
twijfelaar, de	the doubter
twijfelen	to doubt
twijg, de	the twig

U

uiteengewaaid	windblown
uitleg, de	the explanation
uitstallen	to display
uitsteken	to stick out
uitstrekken, zich	to extend
uitval, de	the sally
uitzicht, het	the view, vista
uitzicht geven op	to look out on
uur, het	the hour
Uw	your

V

vacantie, de	the holidays
vader, de	the father
vallei, de	the valley
vallen	to fall
vallen, in slaap	to fall asleep
valpoort, de	the portcullis
van	of
varen	to sail, to go (of ship)
varen	to fare
vastmaken	to fix, attach
vat, het	the barrel
vechten	to fight
vee, het	the cattle
veearts, de	the vet
veel	much, many
veilig	safe
ver	far
verbinden	to connect
verborgen	hidden
verder	farther, further
verdieping, de	the floor, storey
verdwijnen	to disappear
verf, de	the paint
verhaal, het	the story
verheugen, zich	to rejoice
verhogen	to heighten
verhuizen	to move
verkeer, het	the traffic
verkopen	to sell
verlaten	deserted
verlatenheid, de	the desolation
verleden, het	the past
verliezen	to lose
verloofde, de	the fiancé(e)
verloving, de	the engagement
vermissen	to miss
vers	fresh
verschieten	to use up (ammunition)
verstaan	to understand
verte, de	the (far) distance
vertellen	to tell
vertonen	to show
vertraging, de	the delay
vertrapt	trodden on

vertrek, het	the room	vol	full
vertrek, het	the departure	volgeladen	laden
vertrekken	to leave	volgen	to follow
vervangen	to replace	volgende, het	the following
vervelen, zich	to be bored	volwassen	adult
verven	to paint (of walls, etc.)	voor	before, in front of
		voor	for
vervoeren	to transport	vooral	above all
vervolgens	next, after that	voorbij	past
vervolger, de	the pursuer	voorgrond, de	the front, foreground
verzameling, de	the collection		
verzegelen	to seal	voorhoofd, het	the forehead
verzekeren	to assure, to insure	voorkant, de	the front
		voorschijn komen, te	to appear
verzoeken	to request		
verzorgen	to tend	voorschip, het	the fo'c'sle
vestigen	to establish	voorspoedig	prosperous
vieren	to celebrate	voorste, de	the front one, the foremost
vierkant	square		
vijand, de	the enemy	voorwerp, het	the object
vinden	to find	voorzichtig	careful
vinder, de	the finder	vorderen	to get on (with)
violet	violet	voren, van	in front
vis, de	the fish	vorig	previous
vissen	to fish	vork, de	the fork
vlag, de	the flag	vormen	to form, shape
vlak	flat	vraag, de	the question
vlak bij	near by, close to	vragen	to ask
vlak voor	straight in front of	vreemd	foreign, strange
		vreemdeling, de	the stranger
vlam, de	the flame	vreselijk	terrible
vlees, het	the flesh, meat	vriend, de	the friend
vliegen	to fly	vrijdag	Friday
vliegtuig, het	the aeroplane	vroeg	early
vloer, de	the floor	vroeger	earlier, formerly
vlucht, de	the flight	vrolijk	gay
vluchteling, de	the refugee, fugitive	vrouw, de	the wife, the woman
vluchten	to flee, fly	vrucht, de	the fruit
vlug	quick(ly)	vuil	dirty
vlug mogelijk, zo	as quickly as possible	vullen	to fill
		vulpen, de	the fountain pen
voedsel, het	the food	vurig	fiery
voerman, de	the carter	vuur, het	the fire
vogel, de	the bird		

W

waaien	to blow (of wind)
waar	true, real
waar?	where?
waarnemend	deputy, acting
wachten	to wait
wachten op	to wait for
wagen, de	the cart
wakker	awake
wakker worden	to wake up
wal, de	the rampart
wand, de	the wall
wandelen	to walk
wankelen	to totter
wanneer	when, whenever
want	for
wantrouwend	with suspicion
wapperen	to fly (of flag)
warm	warm, hot
waskom, de	the washbasin
wassen, zich	to wash
wat	some, something
wat?	what?
wat voor?	what kind of?
water, het	the water
week, de	the week
weer	again
weer, het	the weather
weerstaan	to resist
weerszijden, aan	on both sides
weg	away, gone
weg, de	the road, the way
weggaan	to go away
weggooien	to throw away
wegschemeren	to fade away in twilight
wegwijzer, de	the signpost
weinig	few
wekker, de	the alarum-clock
wel	certainly
weldra	soon
welk?	which?
welnu	well now, well then
werk, het	the work

werkelijk	real(ly)
werken	to work
werking, in	at work
werkman, de	the workman
werklui, de	the workmen
werktuig, het	the tool
werpen	to throw
weten	to know
wezen, het	the being
wie?	who?
wijd	wide
wijken	to give way, recede
wijn, de	the wine
wijzen	to show, point out
wild	wild
willen	to want to
wind, de	the wind
winkel, de	the shop
winter, de	winter
winters, 's	in winter
wip, in een	in a moment
wisselen	to exchange
wisselkantoor, het	the *bureau de change*
wisselkoers, de	the rate of exchange
wit	white
witkalken	to whitewash
woensdag	Wednesday
wol, de	the wool
wolk, de	the cloud
wonder, het	the wonder
wonderlijk	wonderful
wonen	to live, dwell
woning, de	the dwelling
woord, het	the word
worden	to become, get
worst, de	the sausage
wortelen	to strike root

Z

zaak, de	the business
zacht	soft(ly)
zachtjes	softly, gently

zagen	to saw	zingen	to sing
zak, de	the pocket	zitkamer, de	the sitting-room
zaken doen	to do business	zitten	to sit
zakmes, het	the penknife	zitting, de	the seat
zand, het	the sand	zo	so
zaterdag	Saturday	zo maar	just
zee, de	the sea	zodra	as soon as
zeeman, de (pl. de	the sailor(s)	zoeken	to seek, search
zeelui)		zoet	sweet, well-behaved
zeep, de	the soap		
zeereis, de	the voyage	zolder, de	the loft, the ceiling
zeevaartschool, de	the school of navigation		
		zomer, de	summer
zegellak, de	the sealing wax	zomers, 's	in summer
zegelring, de	the signet ring	zon, de	the sun
zeggen	to say	zondag	Sunday
zeil, het	the sail	zonder	without
zeildoek, het	the sailcloth	zonderling	curious
zeker	certain, certainly, with certainty	zowel	as well as
		zowel .. als	both ... and
zelfs	even	zuster, de	the sister
zestal, een	half a dozen	zuurstof, de	the oxygen
zetten	to put	zwaar	heavy
zich	oneself, himself, herself, etc.	zwart	black
		zwemmen	to swim
zien	to see	zwempak, het	the bathing-suit
zijn	his	zwijgen	to be silent
zilver, het	the silver	zwijn, het wilde	the wild boar
zilverpapier, het	the silver paper, tinfoil		